격차를 넘어

격차를 넘어

교육 격차 해소를 위한 초중고 교사들의 소소한 실천

서울대학교 사범대학
부설학교 교사들 지음

머리말

'교육 격차 해소' 깃발 아래 모인 초중고 교사들

"아무 일도 하지 마세요."

교육 격차 해소를 위해서 무얼 해야 하는지 묻는 분이 있다면 이렇게 말씀드리고 싶다. 열쇠는 '무엇을 하느냐?'가 아니라 그걸 '어떻게 하느냐?'라고 믿기 때문이다.

연구에 첫걸음을 뗄 무렵, 박경천 선생님께서 소개해 주신 '손편지 이벤트(122쪽 참조)'는 큰 울림을 주었다. 그 사례는 이미 다른 지면에도 소개되었을 정도로 뜻깊은 활동이다. 그런데 '격차'라는 잣대를 대보니 전혀 생각지도 못했던 문제가 보였다. 학부모가 쓰는 편지의 수준이 똑같지는 않으리라는 걱정 때문이었다. 옆에 앉은 친구는 부모님 편지를 읽고 눈물을 뚝뚝 흘리는데, 내가 받은 편지는 그렇지 않다면? 그 활동이 오히려 새로운 격차의 씨앗이 될 수도 있겠다는 생각이 들었다.

그런 염려가 있으니 그 활동을 하지 말자는 게 아니다. 그 활동을 하되, '격차'라는 관점으로 한 번 더 성찰하자는 뜻이다. 박경천 선생님께서는 그 이후에도 5월이면 여전히 손편지 이벤트를 하신다. 하지만 달라진 점이 있다. 이제는 '격차'라는 관점에서 더 섬세하게 마음을 쓰신다는 점이다. 격차 해소를 위한 실천연구에 참여하면서 새로운 잣대를 얻은 셈이다.

교육 격차에 대한 우려가 크다. 서울대학교 사범대학 부설학교에서도 4개 학교에서 12명의 교사가 팔을 걷고 나섰다. 우리는 교육 격차를 해소할 수 있는 특별하고 엄청난 프로그램을 만들고 싶었다. 그런데 연구를 진행하면서 점점 생각이 바뀌었다.

> 정규 수업에 참여하는 일도 버거워하는 학생들에게 격차를 해소한다는 명분으로 새로운 프로그램을 만들어 그것까지 참여하도록 하면, 그 아이들이 감당할 수 있을까?

> 그렇지 않아도 바쁘고 힘든 교사들에게 교육 격차 해소를 위해 새로운 프로그램을 운영하도록 하면, 그걸 꾸준히 이어갈 수 있을까?

교육부나 교육청에서 내려오는 사업은 겉으로 보기에는 그럴듯하다. 그렇게 하면 문제가 당장 해결될 것처럼 보인다. 그러나 학교 현장에서는 그렇지 않다. 교육 격차를 해소하려고 새로운 프로그램을 만들어서

교사와 학생을 괴롭혀서는 안 된다.

교사들은 이미 자기 능력과 상황에 맞게 최선을 다해서 노력하고 있다. 능력과 열정이 뛰어난 분들은 평소에도 이미 많은 활동을 하고 있을 텐데 거기에 뭘 더 얹을 수는 없다. 상황과 여건이 허락하지 않아 다양한 활동을 펼치지 못했던 분들에게 새로 뭔가를 하라고 등을 떠밀어서도 안 된다.

우리는 '무엇'이 아니라 '어떻게'에서 답을 찾고자 했다. 이 책에서 드리는 말씀은 간단하다.

> 평소에 하던 학급 활동과 수업을 그대로 하시되,
> 그걸 '격차'라는 관점에서 한 번만 더 성찰해 보세요.

어떤 분들이 보기에 우리 연구가 하찮다고 느낄 수도 있다. 교육 격차 해소의 도깨비방망이를 찾고자 이 책을 펼친 분들께는 죄송하다. 우리의 지향은 다른 데 있다.

열정과 능력으로 똘똘 뭉친 몇 명의 슈퍼교사가 만들어낸 특출한 프로그램은 정말 멋지지만, 모든 교사가 그렇게 할 수는 없다. 그런 방식으로는 공교육을 바꿀 수 없다. 너무 소박하고 쉬워서 누구나 마음만 먹으면 할 수 있는 평범한 방법! 그것이야말로 공교육을 바꾸는 힘이 된다.

누가 알아주는 사람이 없어도, 변변한 대접을 받지 못해도, 의병들은 마을과 가족을 지키기 위해 농기구를 들고 일어섰다. 그 힘이 역사를 바꾸었다고 믿는다. 그 믿음으로 우리는 격차 해소를 위한 실천연구의 깃발을 들었다.

2022년

저자들의 마음을 모아

※이 책에 등장하는 학생 이름은 모두 가명임.

차례

1
학생의 일상으로 살펴본 교육 격차와 학교의 역할

최인영

최인영

1994년에 교직을 시작해서 2015년에 서울사대부고로 옮겨왔다. 2020년에 《샤교육저널》을 창간할 때 편집위원장을 맡았다. 그 인연으로 2021년에는 부설학교진흥원에서 파견교사로 일하며 부설학교 선생님들의 실천연구를 뒷바라지하고 그걸 엮어서 《샤교육저널》을 만들고 있다.

학생의 일상으로 살펴본 교육 격차와 학교의 역할

코로나19 상황 이후, 교육 격차를 우려하는 목소리가 높다. 《타임즈》 기자 제이슨 드팔은 "바이러스가 아이들 몸을 어른들만큼 파괴하지 않을 수 있다. 하지만 아이들 미래를 파괴할 수는 있다."라고 그 심각성을 경고했다. 교육부에서도 보도자료(2021. 6. 2.)를 통해 "2020년 국가수준 학업성취도 평가 결과 …… 코로나 감염증이 발생한 2020년 학생들의 …… 학습 결손을 심각하게 인식"한다며, 그 대책으로 '학습 지원 강화를 위한 대응 전략'을 내놓았다. 그렇지만 만시지탄이라는 지적과 함께 그 실효성을 의심하는 시선도 많았다.

교육 격차를 해소하기 위해 인공지능(AI)을 대안으로 제시하기도 한다. 인공지능의 개인 맞춤형 기능이 배움이 더딘 학생들의 격차를 해소하는 데 사다리 역할을 하리라는 장밋빛 전망이다. 하지만 현실을 생각해 보면 그렇게 호락호락한 문제가 아니다. 인공지능의 개인 맞춤형 기능은 배움이 더딘 학생뿐 아니라 앞선 학생에게도 공평하게 열린 기회인데, 그 기능을 잘 활용해서 자신의 부족함을 채우는 능력은 누가 더 뛰어날까? 인공지능이 격차를 해소하기는커녕 오히려 더 크게 벌릴 수도 있다.

코로나19 이후 머지않아 새로운 재난이 닥쳐올 가능성이 크다는 불길한 전망도 있다. 이제 막 시작한 인공지능 개발은 앞으로 속도를 더욱 높일 것이다. 우리 교육은 거대한 변화의 물결 앞에 서 있는 셈이다. 바로 지금이 격차 문제를 논의해야 할 시점이다. 이런 절박함 때문에 서울사대부초, 서울사대부중, 서울사대부여중, 서울사대부고에서 교사 12명이 모였다.

격차 해소의 길 찾기

우리는 먼저 격차에 관한 선행연구를 살펴보았다. 우리 사회에서 교육 격차는 새삼스러운 문제가 아니다. 그에 관한 연구도 적지 않은데, 지금까지 살펴본 기존의 연구는 다음 세 가지 면에서 아쉬움이 있다.

첫째, 양적연구가 대부분이다. 양적연구로 생산한 통계자료는 문제의 심각성을 보여주는 데는 효과적이지만 원인을 깊이 분석하거나 해결 방법을 폭넓게 모색하는 데는 한계가 있다. 많은 시간과 노력을 들여 정성껏 작업한 결과라는 걸 알지만, 다 읽고 났을 때 '그래서 어쩌라는 거지?'라는 생각이 들 때가 있었다.

둘째, 거대 담론이 많았다. 격차를 사회문제로 바라보는 논의도 꼭 필요하다. 하지만 그런 거대 담론은 정치적 견해 차이로 인해 합의가 쉽지 않고, 설령 합의하더라도 구체적인 정책이 되어 학교 현장에 도달

[그림 1] 부설학교 실천연구 개요

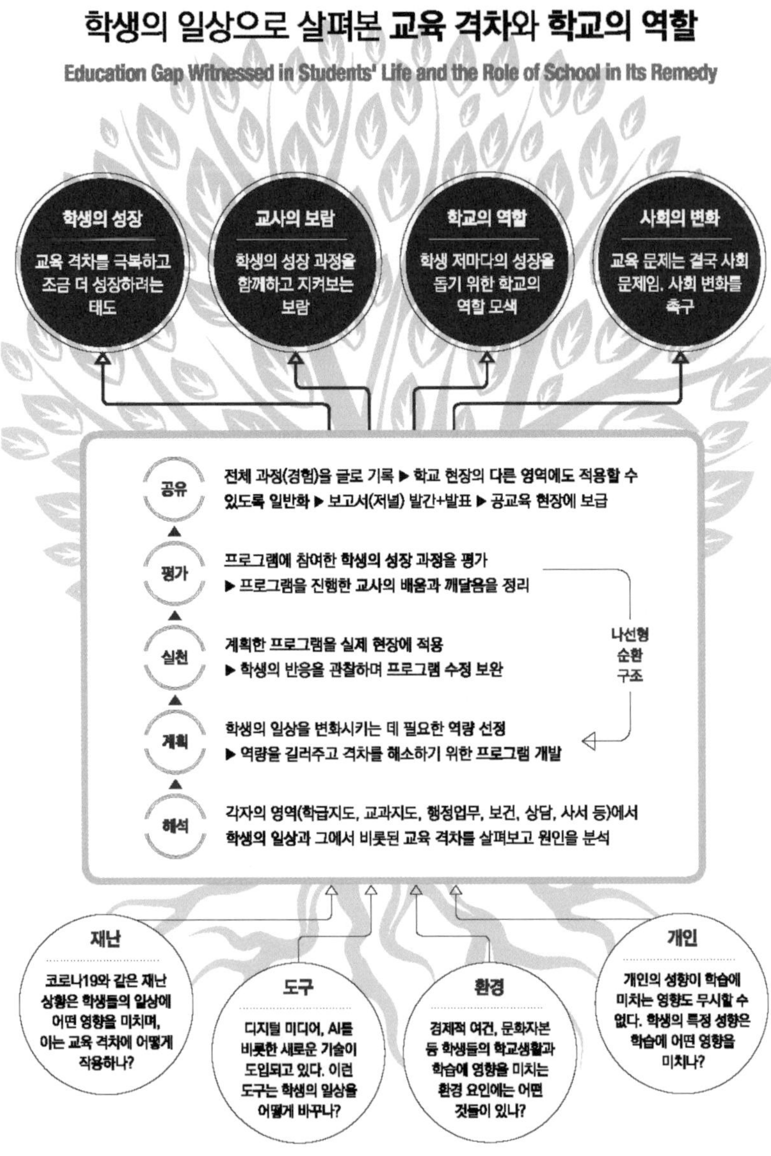

하기까지 많은 시간이 흐르게 된다. 그 사이에 학생들은 격차를 지닌 채 학교를 떠나고 그 공백은 다시 회복하기 어렵다. 소박하더라도 교사가 학교에서 지금 당장 실천할 수 있는 연구가 필요하다.

셋째, 교육이라는 우물에 갇힌 경우가 많았다. 교육은 교육의 관점으로만 해결하기 어려운데 그건 격차 문제에서도 마찬가지다. 학생에게 격차가 생기는 건 단순히 학습 결손의 문제가 아니다. 수학을 어려워하는 학생에게 수학 문제를 더 풀게 하는 방식으로는 결손을 온전히 메꿔줄 수 없다는 뜻이다. 격차를 학습의 관점으로 접근하려는 시도는 대증요법에 불과하다. 그런 결손이 생기게 된 근본 원인을 찾아서 해결하지 않으면 문제는 되풀이될 수밖에 없다.

기존 연구에서 느낀 허전함을 채우기 위해 우리는 '학생의 일상'에 초점을 맞추기로 했다. 교육에서 격차가 생기는 이유는 학생의 일상이 무너졌기 때문이며, 격차를 해소하는 일도 학생들의 일상에 답이 있다고 생각했기 때문이다. 이런 생각을 모아서 연구 설계도부터 꼼꼼하게 만들었다. 〔그림 1〕은 '연구 개요'인데, 나무뿌리에서 줄기를 거쳐 잎과 열매로 올라가듯이 화살표를 따라서 아래에서부터 위로 올라가며 읽어야 한다.

12명의 선생님은 이 개요에 따라 각자 연구할 주제를 골랐고, 그것을 아래와 같이 세 개 영역으로 묶었다.

영역	이름	학교급	주제
교과 영역	우효진	초등	어휘 학습으로 귀국 학생의 문해력 기르기
	유호엽	초등	자기 성찰 질문을 통한 내면화 전략
	민경실	중등	수학 기초학력반 학생의 마음을 움직이는 힘
	호민애	중등	학습몰입 향상을 위한 협력강사 수업 방안

학급 영역	박윤지	초등	소통으로 공감받고 성장하는 아이들
	박경천	중등	회복적 생활교육으로 자존감 기르기
	권정혜	고등	고등학생의 교우 관계 형성과 학급의 역할
	김영훈	고등	고3 학생의 자기 주도성 기르기
전문 영역	박은하	초등	[사서] 코로나19, 학교도서관의 공간적 단절
	최예윤	고등	[사서] 정보활용능력 향상을 위한 사서교사의 역할
	김현숙	고등	[보건] 아픈 '나'를 돌아보며 성장하는 아이들
	이승훈	고등	[특수] 그들이 학교에 다니는 이유

삶에서 실천하고 배우는 연구

우리 연구는 '협력적 참여형 실천연구'이다. 사실 우리 사회에서는 '실행연구'라는 이름이 더 익숙한데 굳이 '실천연구'라고 부르는 까닭이 있다. '실행(實行)'과 '실천(實踐)'은 의미가 서로 비슷하지만, 국립국어원 표준국어대사전의 뜻풀이를 비교해 보면 쓰임이 다름을 알 수 있다. '실행'은 '컴퓨터를 명령어에 따라서 작동시키는 일'처럼 주어진 절차를 그대로 따르는 수동적인 활동을 의미한다면, '실천'은 '자연이나 사회를 변혁하는 의식적이고 계획적인 모든 활동'이라는 풀이에서 알 수 있듯이 주체적이고 능동적인 행위를 가리킨다. 교육부나 교육청에서 마련한 프로그램을 학교에 적용해 보고 효과를 검증하는 연구라면 '실행연구'라 불러야 하겠지만, 교사가 각자의 영역에서 교육 격차를 해소하기 위해 스스로 문제를 발견하고 해결책을 탐구하는 연구라면 '실천연구'라고 불러야 마땅하다.

한편, 우리 연구는 '참여형'이다. 대학에서 이론을 연구하는 학자들이 학교 현장을 가끔 방문하여 진행하는 연구와는 달리, 교사가 학생들과 삶을 함께하며 엮어나가는 연구라는 뜻이다. 수업이 연구이고 연구가 수업[1]인 셈인데, 외부의 관찰자가 유리창 너머에서 거리를 두고 지켜보는 시선과는 다를 수밖에 없다. 참여형 연구에서는 연구의 주체인 교사와 연구의 대상인 학생이 완전히 분리될 수 없다는 점이 무척 중요하다. 연구 주체와 대상이 분리될 때 둘 사이에는 상하 위계가 발생한다. 그러나 교사가 연구의 주체이면서 동시에 연구의 대상이 될 때 교사는 학생과 더불어 변화하고 성장해야 하는 존재로 자신을 자리매김한다. 교사도 결코 완전할 수 없음을 인정하고 자신의 '삶(실천) 속에서 삶(실천)에 대해서 스스로 반성하고 성찰하고, 삶(실천)을 재계획하고 실천하는 과정'[2]에서 교학상장(教學相長)을 실현할 수 있다는 점이 참여형 연구의 가장 큰 장점이라 할 수 있다.

마지막으로, 우리 연구는 협력적 과정으로 진행했다. 동료 연구원은 물론 때로는 같은 학교의 동료 교사들과도 머리를 맞댔으며, 이 과정은 우리 연구의 타당도와 신뢰도를 높이는 데 이바지했다. 이에 대해서는 뒤에서 자세히 다룬다.

왜? 무엇을? 어떻게?

부설학교 실천연구 모형을 만들기 위해 기존의 연구 모형을 참고했다. '현장개선연구'라는 명칭을 처음으로 만들어낸 레빈(Lewin, 1946)[3]

1 최의창(1998), 〈학교교육의 개선, 교사연구자, 그리고 현장개선연구〉, 《교육과정연구》 16(2).

2 이용숙·김영천·이혁규·김영미·조덕주·조재식(2005), 《(교육현장 개선과 함께 하는) 실행연구방법》, 학지사.

3 최의창, 앞의 논문에서 재인용.

은 '개선 계획 마련 → 실천 → 결과 파악'의 과정이 연속적으로 이루어지는 순환 모형을 제시했다. 이 모형을 바탕으로 Kemmis & McTaggart(1998)[4]는 자기반성적 실행연구 모형을 만들었다.

[그림 2] 자기반성적 실행연구 모형

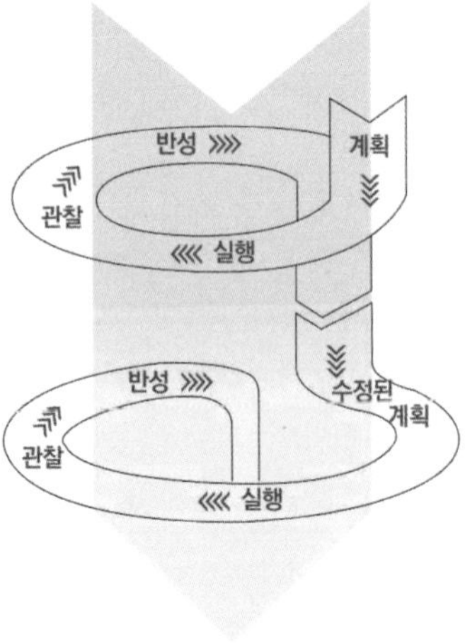

이러한 기존 모형을 두루 참고하여 〔그림 3〕과 같은 부설학교 실천연구 모형을 새롭게 만들었다.

이 연구의 화두는 '교육 격차'인데, 격차의 원인이 되는 '학생의 일상'이 가운데 자리한다. 연구의 출발점은 교육 현장의 모순이며, 궁극적인 목표는 교육 현장을 혁신하여 문제를 해결하는 것이다. 실제 연구는 '해석 → 계획 → 실천 → 평가 → 공유'의 과정을 거치는데, 각 단계의 구체적인 의미는 앞의 연구 개요에서 상세히 밝혔다. 이 다섯 단계는 나선형으로 순환한다.

[그림 3] 부설학교 실천연구 모형

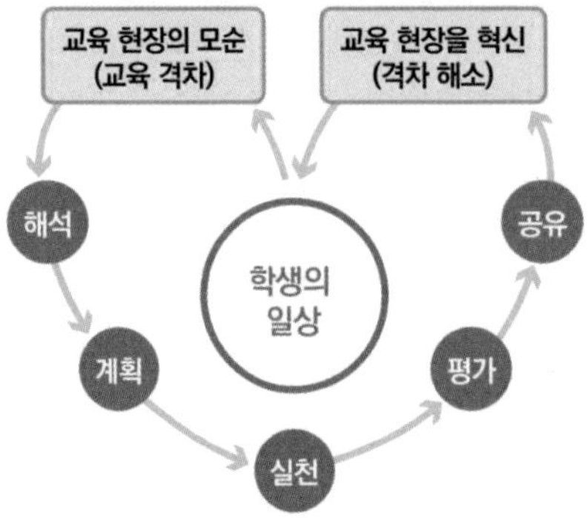

이 모형에 따라 12명의 연구원은 각자 맡은 영역에서 문제를 발견하고 이를 해결하기 위한 연구계획서를 작성했다. 그것을 서로 검토하고 보완했는데 '화이부동(和而不同)'을 목표로 삼았다.

4 이용숙 외, 앞의 책에서 재인용.

[그림 4] 왜? 무엇을? 어떻게?

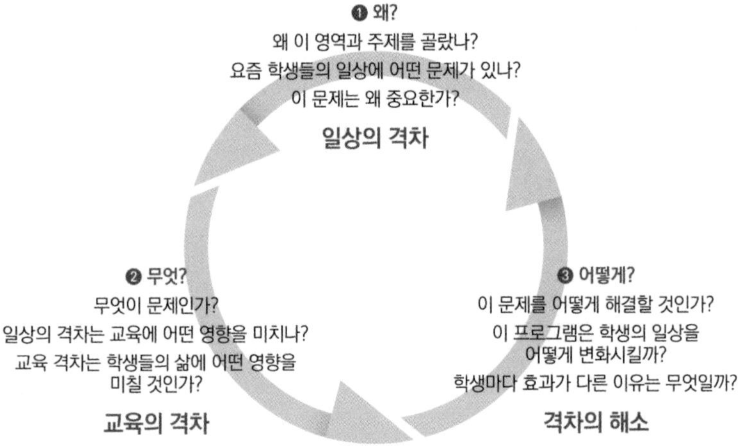

12명이 선택한 영역과 주제가 서로 겹치지 않고 다양하게 펼쳐지면서도 공동 연구로서 〔그림 4〕처럼 비슷한 흐름을 가지도록 마음을 썼다.

❶은 연구의 출발점이 되는 '학생의 일상'이다. 예전에도 환경(가정)이나 성향(개인)에 따라 학생들의 삶에 차이가 있었는데, 요즘에는 재난(코로나19)과 매체(인공지능, 디지털……) 등의 영향으로 학생들의 일상은 더욱 큰 차이를 보인다.

❷는 그로 인한 '교육 격차'를 뜻한다. 일이 일어나는 차례로 보면 '일상의 격차 → 교육의 격차'이지만 문제를 인식하는 순서는 '교육의 격차 → 일상의 격차'일 가능성이 크다. 학생들을 만나면서 교육 격차를 인식하고 그 원인을 찾는 과정에서 일상의 격차에 직면하게 된다는 의미다.

❸은 격차 해소를 위한 노력인데, 이게 우리 연구의 핵심이다. 중요한 점은 이 노력이 '일상'에 초점을 맞춰야 한다는 것이다. 앞서 강조했

듯이 교사의 실천이 '학습'으로 향한다면 그건 임시방편에 불과하다. 일상의 격차를 해결해야 교육 격차도 해소할 수 있다. 물론 당장 배고픈 아이에게는 물고기를 줘야 한다. 하지만 그것에 머물러서는 안 되고 아이가 스스로 물고기를 잡는 방법을 찾을 수 있도록 도와줘야 한다.

관찰과 관점

우리 연구는 '질적연구'에 무게를 두었다. 실천연구가 모두 질적연구일 필요는 없지만 양적연구에서 숫자가 드러내지 못하는 측면을 질적연구를 통해 담을 수 있으면 좋겠다고 생각했기 때문이다. 조용환은 양적연구에서 '현상'을 연구하기 위해 '사람'을 죽인다고 비판했는데,[5] 이는 조사 절차를 표준화하기 위해 연구 주체와 연구 대상의 인간적인 면모를 모조리 제거해 버리는 문제를 지적한 말이다. 쇤(Schön, 1983)[6]이 이미 비유했듯이 '질퍽질퍽한 실제의 진흙탕'에서 무슨 일이 일어나는지 살피려면 그 안으로 들어가야 한다. 안으로 들어가 '관찰'해야 한다.

제임스 카메론 감독의 영화 〈아바타〉(2009)에서 '사랑하다'는 '보다'와 같은 뜻으로 쓰인다. 사랑하려면 제대로 보아야 한다는 의미다. 이창동 감독의 영화 〈시〉(2010)에서도 비슷한 대사를 확인할 수 있다. 영화에서 시인 김용택은 시 창작 교실에 모인 사람들에게 사과를 들어 보이며 이렇게 말한다.

5 조용환(1999), 《질적 연구 — 방법과 사례》, 교육과학사.

6 최의창, 앞의 논문에서 재인용.

여러분들은 지금까지 이 사과를 몇 번이나 봤어요? 천 번? 만 번? 백만 번? 틀렸어요. 여러분들은 지금까지 이 사과를 한 번도 본 적이 없어요. …… 진짜로 본 게 아니에요. 사과라는 것을 정말 알고 싶어서, 관심을 가지고 이해하고 싶어서, 대화하고 싶어서 보는 것이 진짜로 보는 거예요. 오래오래 바라보는 거죠. 사과의 그림자도 관찰하고, 이리저리 만져도 보고, 뒤집어도 보고, 한입 베어 물어도 보고, 사과에 스민 햇볕도 상상해 보고, 그렇게 보는 것이 진짜로 보는 거예요. 무엇이든 진짜로 보게 되면 뭔가 자연스럽게 느껴지는 것이 있어요. 샘에 물이 고이듯이.

우리는 학생들의 일상을 유심히 관찰하며 격차의 원인을 찾았다. 더 나아가 격차 해소를 위한 프로그램을 계획하고 그것을 실행하면서 연구자 자신과 학생들에게 일어나는 변화를 관찰하고, 거기서 자연스럽게 우러나는 이야기를 기록하고자 노력했다.

관찰에서 중요한 것은 '관점'이다. 같은 현상이라도 어떤 관점으로 보느냐에 따라 의미가 달라지기 때문이다. 우리는 '격차'라는 관점으로 교육 활동을 성찰했는데, 이전에는 훌륭하다고 생각했던 활동이 격차라는 관점으로 살펴보니 생각지도 못했던 문제가 드러나는 때도 있었다. 이 연구 경험은 앞으로 다른 교육 활동을 설계할 때도 격차 해소라는 관점으로 한 번 더 검증하는 태도를 길러줄 것이다.

조선 후기 문인 유한준은 "알면 보이고 보이면 사랑하게 되나니, 그때 보이는 것은 이미 예전과 같지 않으니라."라고 했다. 격차라는 관점을 가지면 보이지 않던 것이 보이게 되고, 그렇게 되면 격차 해소의 방법을 고민하지 않을 수 없을 것이다.

이런 걸 연구라고 할 수 있어?

질적연구에서는 양적연구의 '객관성' 아래 숨겨진 '진실성'을 찾아내려고 노력한다. 관건은 '그 연구가 얼마나 진실하냐?'인데, 질적연구의 진실성은 타당도와 신뢰도에 달렸다. 질적연구도 엄연한 연구이기 때문에 나름의 타당도와 신뢰도를 갖춰야 한다는 뜻이다.

Anderson & Herr(1999)[7]는 질적연구를 검증하기 위해 '결과의 타당성, 과정의 타당성, 대화적 타당성, 민주적 타당성, 촉매적 타당성'이라는 다섯 가지 기준을 제시했다. 이를 변형하여 다음과 같은 틀을 만들고, 이 잣대에 맞추어 우리 연구를 가다듬었다.

가운데 있는 촉매적 타당성, 대화적 타당성, 민주적 타당성이 연구를 둘러싼 '사람'에 대한 잣대라면, 바깥에 있는 과정의 타당성과 결과의

[그림 5] 실천연구의 타당도와 신뢰도 검증 기준

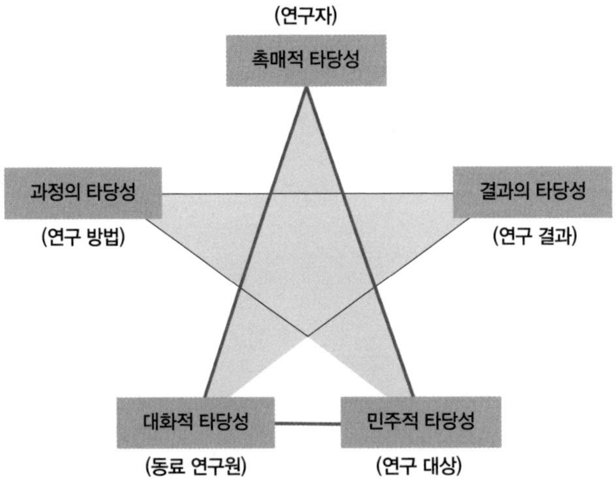

7 이용숙 외, 앞의 책에서 재인용.

타당성은 연구 결과물 자체에 대한 검증 기준이다.

결과의 타당성

우리는 교육 격차를 해소하기 위한 학교의 역할을 모색하고자 이 연구를 시작했다. 공교육에 종사하는 교사, 교육부와 교육청에서 정책을 마련하는 관료, 대학의 연구자들에게 울림을 주고, 더 나아가 교육 격차를 해소하는 데 조금이나마 이바지할 수 있는 연구 결과물을 생산하려고 노력했다. 우리의 연구 결과가 교육에 어떤 영향을 미칠 것인가? 이것이 우리 연구의 타당성을 확인할 수 있는 가장 중요한 잣대 가운데 하나이다.

과정의 타당성

우리는 연구에 앞서 연구 모형에 합의하고 〔그림 3〕에서 제시한 것처럼 '해석 → 계획 → 실천 → 평가 → 공유'의 절차에 따라 연구를 진행했다. 우리가 만든 부설학교 실천연구 모형이 적절한가? 각자의 연구는 그 모형을 얼마나 충실하게 따랐나? 이것이 우리 연구의 타당성을 검증할 두 번째 기준이다.

대화적 타당성

대화적 타당성은 〔그림 5〕의 왼쪽 측면에 해당한다. 연구 '과정'에서 연구 '주체'인 교사 연구자가 동료 연구원과 어떤 관계를 맺느냐를 평가하기 때문이다. 12명의 교사 연구자들은 각자 자신이 맡은 영역에서 연구를 진행하고 글을 썼지만, 결코 독단적인 작업은 아니었다. 수시로 의견을 나누고 그것을 바탕으로 더 바른 방향을 찾기 위해 노력했다. 때로는 학교의 동료 교사들에게도 도움을 구했다. 연구원 모두는 서로 동등한 관계에서 소통했다. 누군가 자신이 원하는 방향으로 연구를 끌고 가지 않았으며 연구 과정과 결과를 왜곡하지도 않았다. 연구원들은 서로에게 가장 든든한 협력자이며 동시에 가장 날카로운 비평가이기도 했다. 정반합(正反合)의 원리에 따라 상호 협력과 비판을 통해 연구의 타당도와 신뢰도를 높이려 했다.

민주적 타당성

민주적 타당성은 〔그림 5〕의 오른쪽 영역이다. 우리 연구에서 학생은 연구 대상이면서 동시에 연구의 궁극적 목적이라 할 수 있다. 연구 주체인 교사와 연구 대상(목적)인 학생은 서로 대등하고 민주적인 관계에서 연구를 진행해야 한다. 학생들에게 연구 취지를 충분히 설명하고 자발적으로 선택하도록 했으며, 연구 대상인 학생의 의견은 연구 주체인 교사의 생각만큼 존중되었다. 연구를 위해 학생을 수단으로 취급하는 일을 우리 스스로 가장 경계했다. 우리의 실천연구는 연구자와 참여자 사이의 대화 과정이며, 대화는 상대방에 대한 존중을 전제로 한다는 원칙을 잊지 않았다.

이는 연구 윤리의 문제와도 맞닿아 있다. 우리 연구에서는 사람의 신체나 생명에 영향을 미칠 수 있는 심각한 실험은 포함하지 않았다. 더구나 학생과 교사가 더불어 성장하려는 선한 의도에서 시작한 연구이다. 하지만 신체에 끼치는 영향뿐만 아니라 정신에 미치는 영향도 무시할 수 없다. 연구 대상 학생에게 미칠 악영향을 최소화하기 위해 다음

두 가지 노력을 했다. 첫째, 모든 연구원이 공용기관생명윤리위원회의 온라인 교육을 이수했다. 둘째, 학생 개인이 특정될 여지가 있는 경우 학생과 학부모의 동의서를 받았다.

촉매적 타당성

〔그림 3〕에서 보듯이 우리 연구는 나선형 순환 모형이다. 이는 타당도 검증에서도 마찬가지다. 연구 주체인 교사는 연구의 출발점이자 종착점이다. 우리 연구는 연구 대상인 학생의 일상을 바꿀 뿐만 아니라, 연구의 주체인 교사 연구자가 스스로 자신의 삶(교육)을 돌아보는 계기(촉매)가 된다는 점에서 의미가 있다. 학생 한두 명을 변화시키는 일도 무척 소중하지만, 교육 현장에서 앞으로도 더 많은 학생을 만나게 될 교사가 성장하는 일도 그에 못지않게 중요하다. 이 연구에 참여한 교사들은 연구 기간이 끝나더라도 멈추지 않고 교육 격차를 해소하기 위해 다양한 시도를 할 것이다. 앞에서 언급했듯이 학생의 일상을 찬찬히 관찰하려는 태도, 격차의 관점으로 자신의 교육 활동을 성찰하려는 마음, 이 두 가지가 이번 연구의 가장 큰 성과일 것이다. 더 나아가 이 연구를 접한 다른 교사에게도 촉매 역할을 할 수 있다면 우리 연구의 타당도는 더욱 높아질 것이다.

아쉬움

코로나19와 같은 재난 상황, 인공지능을 비롯한 새로운 도구의 출현은 교육 격차에 대한 우려를 키웠고, 우리는 그 문제를 해결하기 위해 모였다. 공교롭게도 그 두 가지는 우리 연구의 아쉬움이기도 하다.

먼저, 코로나19로 인해서 만남이 쉽지 않았다. 등교가 들쭉날쭉하여 학생을 안정적으로 만날 수도 없었고, 학교에 따라서는 교사와 학생들 사이에 확진자가 반복적으로 발생하는 바람에 연구원들끼리도 마음 편하게 만나기가 힘들었다. 학생들과 더불어 실천하고, 그 과정을 관찰하고 기록하려 했으나 그게 쉽지 않았다. 연구 마감에 맞춰 서둘러 글을 써야 했고, 그러다 보니 연구의 완결을 알리는 '보고서'가 아니라 연구의 시작을 다짐하는 '선언문'에 가까운 글이 되고 말았다. 연구를 완결하지 못하고 중간 상태에서 발표를 할 수밖에 없어서 못내 아쉽다.

인공지능 문제를 다루지 못했다는 점도 아쉬움을 더한다. 요즘 들어 우리 교육에서 인공지능에 대한 논의가 불붙고 있다. 앞서 밝힌 것처럼 인공지능에 대해서는 긍정적 전망과 부정적 우려가 공존한다. 지금 방향을 제대로 잡지 않으면 앞으로 돌이키기 힘든 상황에 직면할 수도 있다. 이 연구에서는 다루지 못했지만 다른 자리에서라도 반드시 다루어야 할 문제이다.

이런 아쉬움에도 불구하고 격차 해소를 위한 공교육의 역할을 모색하려고 4개 부설학교에서 12명의 연구원이 뜻을 모았다는 사실 자체는 무척 의미심장하다. 대면·비대면 수업을 병행하고 방역 책임까지 떠안으며 교사의 업무 강도는 배가되었다. 특히 보건실은 야전병원을 떠올리게 할 정도였다. 이런 상황에서도 선생님들이 이 연구에 뛰어든 이유가 무엇일까 생각해 본다.

연구원 12명은 보고서 작성 이후에도 연구를 계속 이어갈 예정이다. 각자의 보고서에서 소개한 프로그램을 실천하면서 몇 번에 걸쳐 다듬을 계획이다. 이 글을 읽는 독자들께도 '교육 격차를 만드는 학생들의 일상에 관심을 가지고, 그 문제를 해결하기 위해서 학교가 무엇을 해야 할 것인가 함께 고민해 보자.' 라고 제안하면서 이 글을 마친다.

2
어휘 학습으로 귀국 학생의 문해력 기르기

우효진

우효진

2008년 교대를 졸업하고 지방의 공립 초등학교에서 육상부도 지도해 보고, 걸스카우트 대원들과 캠프도 다니고, 모교 실습생을 해마다 지도하며 지냈다. 2016년에 서울사대부초로 근무지를 옮겨왔다. 본교에서 6년째 학생들을 지도하며 울고 웃으며 때론 심각해졌다가 때론 아쉬움을 느끼고, 해가 바뀔 때마다 가슴 벅찬 여운을 느낀다. 12년째 초등학생 아이들을 만나면서 그들의 성장을 행복한 눈으로 바라보며 지내고 있다.

어휘 학습으로
귀국 학생의 문해력 기르기

본교에는 귀국 학생 특별학급이 있다. 외국에서 오랜 기간 생활함에 따라 언어 및 문화 차이 등으로 한국 학교생활에 어려움을 겪는 학생들의 한국 학교 및 한국 생활 적응 교육을 지원하기 위한 특별학급이다. 본교는 1992년 우리나라에서 최초로 귀국학급을 운영하기 시작했다. 일반학급에서 학생들을 가르칠 때도 귀국학급에서 일반학급으로 옮겨오는 학생들을 해마다 한두 명씩 만나곤 했었다. 나는 올해 귀국학급의 담임으로 3학년 학생들을 가르치고 있다. 우리 반 학생들 대부분은 부모님 직장으로 인해 외국에서 체류하다 입국했다.

외국에서 태어나 살다가 귀국하거나 유아기 시절을 외국에서 보내고 학령기가 되어 한국으로 귀국한 학생들을 지도하면서 문해력 측면을 고민하기 시작했다. 기존에도 귀국학급 학생은 어휘력의 차이로 인해 일반학급 학생들과 학습 격차를 겪고 있었다. 이러한 학습 격차는 코로나19로 인한 등교수업 축소로 인해 더욱 크게 발생했다. 귀국학급 학생들의 경우 가정에서는 영어나 중국어 등 외국에서 사용하던 언어를 그대로 쓰는 것이 일반적이며, 한국어 학습은 대체로 학교생활에 의지하는 편이다. 그렇기 때문에 등교수업 축소는 귀국학급 학생들에게 더욱 큰 문제라 할 수 있다.

이런 문제 상황을 해결하기 위해 나는 '어휘 학습'을 생각하게 되었다. 어휘 학습을 통해 학생들의 한국어 문해력을 키우고, 더 나아가 귀국학급 학생들의 학습 격차를 해소하고자 하는 것이 이 연구의 목적이다.

귀국학급의 기초학력 진단검사

본교 귀국학급에 편입학할 수 있는 기준 요건(2021년)은 이러하다.

> 첫째, 특정 국가에 3년 이상 거주한 초등학령기 학생
>
> 둘째, 귀국한 날로부터 6개월이 지나지 않은 학생

이 요건에 따라서 우리 학급에는 1학년 때 입학해서 한국에서 생활한 지 3년째 되는 학생부터 올해 초 귀국해서 편입학한 학생까지 함께 공부하고 있다. 나름대로 한국어를 유창하게 읽고 쓰고 말하는 학생이 있는가 하면, 태어나서 처음 한국어를 접하는 학생도 있다.

귀국 학생들의 어휘력 차이는 수업에 큰 영향을 미친다. 귀국학급에서는 국가 수준의 교육과정, 즉 보통의 초등교육에서 다루는 교과 학습 능력을 귀국학급 학년에 맞춰서 이수하는데, 초등학교 3학년의 경우 모든 교과목을 한국어로 수업하기 때문이다. 더 나아가 전인적 성장과

발달도 도모해야 한다. 학생들의 어휘력 수준에 큰 영향을 받을 수밖에 없다.

2021학년도 3월 서울시교육청 공문에 근거하여 본교 3학년 학생들은 '기초학습능력 진단검사'를 받았다.

2021학년도 기초학력 진단검사 결과표 (우리 학급)

영역 / 학생 점수	읽기	쓰기	셈하기
가 학생	11	17	22
나 학생	1	7	22
다 학생	16	18	19
기준 점수	16	17	17
전체 문항 수	25	25	25

그 결과 우리 학급 9명 가운데 읽기에서 2명, 쓰기에서 1명이 기준 점수를 통과하지 못했다. 읽기와 쓰기의 기준 점수 경계선에 있는 학생도 2명이 있다. 그러나 셈하기에서는 9명 모두가 도달 기준 점수를 통과했다. 읽기와 쓰기에서 기준 점수에 도달하지 못한 2명은 주어진 시간(각 영역 40분)에 문제를 다 해결하지 못한 경우이다.

만약 이 학생들이 자신이 이해할 수 있는 언어로 문제를 해결했다면 다른 결과가 나왔을 것이다. 이를 통해 우리 학급 학생들이 한국어로 글을 읽고 그 뜻을 이해하여 문제를 해결하는 능력, 즉 문해력 향상이 필요하다고 판단했다.

왜 문해력인가?

우리 학급의 기초학습능력 진단검사 결과를 분석해 보면 아이들에게는 '단순 학습 결손'[1]이 있고, 그 원인은 문해력의 부족에서 찾을 수 있다. 우리 반 대부분 학생은 영어를 매우 유창하게 구사한다. 그러나 한국어에서는 읽기와 쓰기에서 3명의 학생이 어려움을 겪고 있었다. 이를 해결하기 위해 나는 학생들의 문해력을 키워주는 데 적합한 학습활동을 조사했다.

문해력은 '문해(文解)' 또는 '문자 해득(文字解得)' 능력으로서, 문자를 읽고 쓰는 일 또는 그러한 일을 할 수 있는 능력을 가리킨다. 넓게는 말하기, 듣기, 읽기, 쓰기와 같은 언어의 모든 영역이 가능한 상태를 말한다. 유네스코는 '문해란 다양한 내용에 대한 글과 출판물을 사용하여 정의, 이해, 해석, 창작, 의사소통, 계산 등을 할 수 있는 능력'이라 정의했다.

문해력을 쉽게 표현하면 독해력, 어휘력, 쓰기 능력을 아우르는 상위 개념으로 볼 수 있다. 문해력은 읽기, 말하기, 듣기, 쓰기 등 모든 언어 능력을 동원하여 글의 맥락을 이해하고 응용하는 힘이다.

문해력이 뛰어난 학생은 수업을 이해하는 능력이 뛰어나 학업 성취도가 높다. 이 시기 학생들의 특징은 인지 발달 측면에서 구체적 조작기에 해당하며, 논리적 사고가 발달하고 어휘력이 폭발적으로 확장된다는 것이다. 학생이 글을 쓸 때도 논리적 추론 능력과 분석력이 더해진다. 따라서 초등학교 3학년 귀국학급 학생들은 문해력을 키우고 확

1 단순 학습 결손: 정서·심리·행동에 어려움이 없는 기초학습(읽기, 쓰기, 셈하기) 부진 및 교과학습 부진을 말한다.

장해 나가야 한다. 글과 말의 맥락을 이해하고 표현하는 문해력은 초등 학습능력을 좌우하기 때문이다.

또한 문해력은 일상생활에서도 중요한 역할을 한다. 구어와 문어를 적절히 효과적으로 사용하여 의사소통하는 능력과 직결되기 때문이다. 그렇기에 초등 3학년 학생들에게 문해력을 키우는 활동은 매우 중요하다. 이 시기를 놓치면 학습, 사회생활 등 학생의 다면적 발달에 많은 결손이 생기게 될 것이다.

어떤 격차가 생기는가?

귀국학급의 수업은 일반학급과 구별되는 몇 가지 차이점이 있다.

첫째, 귀국학급은 수업 중 제시된 학습 목표에 도달하기 위해 일반학급보다 더 많은 시간이 필요하다. 귀국학급 학생들은 수업 중 질문을 많이 한다. 귀국학급 학생들은 교과서에 제시된 생소한 낱말, 교사가 설명에 사용한 어휘와 멀티미디어 자료 속 설명을 어려워한다. 따라서 귀국학급에서 수업할 때는 어휘 설명을 많이 하고, 학생의 눈높이에 맞는 어휘 선택을 고심하게 된다. 학생들은 생소한 어휘에 대한 이해가 선행되어야 학습 과제를 해결해 나갈 수 있다.

둘째, 귀국학급 수업에서 학생들은 한국어 유창성이 부족한 경향을 보인다. 귀국학급 학생들의 말하기와 글쓰기 활동을 살펴보면 맥락에 맞지 않는 어휘를 구사하는 경우가 많다. 수업 중 자신의 의견을 글로 쓰고 발표하는 과정에서 문장 표현이 자연스럽지 않은 경우도 많다. 또는 친구들과 대화할 때 상황에 적절하지 않은 어휘를 선택하여 쓰기도 한다. 특히 학생들은 상황에 맞는 높임말 표현이 어렵다고 말한다. 예를 들면, 일기를 쓸 때 학생들은 자신의 경험을 높임말과 반말을 섞어서 표현하기도 한다.

셋째, 귀국학급 학생들은 한국 문화와 전통에 대한 수업 자료를 어려워한다. 귀국학급 학생들은 한국 문화와 전통에 대한 흥미와 호기심이 매우 강하다. 그러나 일반학급 학생들보다 한국 문화와 생활에 대한 경험치가 절대적으로 부족하다. 그러다 보니 국어, 사회, 도덕 같은 인문·사회 관련 교과 수업에서 교과서에 제시되는 다양한 지문과 그림 자료에 대한 이해도가 떨어진다. 이를 해결하기 위해 학생들에게 다양한 한국 문화와 생활 모습이 담긴 사례들을 많이 소개하고 경험하게 해줘야 한다.

마지막으로, 귀국학급 학생들에게 한국어 사용 능력은 '자신감'이다. 귀국학급 학생들은 교실에서 한국어로 의사소통하도록 지도받는다. 한국어로 의사소통이 어려운 아이는 교실에서 말수가 거의 없거나, 말로 인해 친구들과 오해를 쌓게 된다. 한국어를 잘 구사한다면 학교생활에 자신감이 높아질 것이며 친구 관계도 원만할 것이다.

어떻게 문해력을 키워줄 것인가?

(1) 어휘 학습

학생들의 어휘력 향상을 위해 내가 선택한 첫 번째 학습 전략은 학생들이 날마다 수업에서 만나는 새로운 어휘를 학습하도록 돕는 것이다.

우리 학급 학생들은 초등 3학년 국가 수준 교육과정에서 제시하는 교과서(국어, 수학, 사회, 과학, 미술, 음악, 체육, 도덕 총 8개 교과) 지문, 교사의 설명과 멀티미디어 수업 자료에서 나오는 생소한 어휘 가운데 날마다 2개씩 사전을 찾아 뜻을 읽고 적어보는 활동을 하고 있다.

본교에서는 전교생이 사용하는 플래너[2]가 있다. 플래너 중 매일 학습한 내용을 정리하는 영역을 활용하여 오늘 만난 낱말의 뜻을 찾아 적고 이해하는 활동을 진행했다. 학생들은 3월부터 매일 두 개씩 수업 중에 낱말을 발견하고 적는 활동을 꾸준히 했다. 더 많은 양을 부여하면 어휘 학습에 흥미를 떨어뜨리게 될까 싶어 학습량을 조절하고 있다. 이렇게 꾸준히 쌓인 어휘 학습은 학생들의 어휘력을 키워주었다. '가랑비에 옷 젖는 줄 모른다.'라는 속담처럼 귀국학급 학생들의 어휘력을 꾸준히 키울 수 있는 전략이 되리라 생각한다.

(2) 속담의 발견

4월의 어느 월요일, 도덕 수업을 하던 중 교과서에 속담이 나왔다. '낙숫물이 바위를 뚫는다.' 교과서에서 이 속담을 보고 학생들 눈이 반짝이는 것을 발견했다. 처음 들어보는 신기한 속담 표현에 학생들은 호기심을 보였고, 다양한 우리말 속담과 관용표현 학습을 통해 문해력을 키워보자는 생각이 들었다. 속담은 개별 어휘보다 학생들이 재미있게 접근할 수 있어서 수업에 대한 흥미를 높이고 어휘력 신장에도 효과적이었다.

2 본교의 학생 생활 플래너 '내 꿈의 씨앗'은 학생들이 하루 동안의 생활 계획과 반성, 학습한 내용과 알림장을 종합적으로 정리할 수 있게 제작한 종합장이다.

도덕 교과서 삽화 (초등3 도덕: 22-23쪽)

가은: 선생님, 낙숫물이 뭐예요? 이렇게 움푹 파진 바위가 있어요?

교사: 응, 낙숫물은 기와집의 처마, 지붕 끝에서 떨어지는 물을 말해요. 비가 오면 물이 많이 떨어지지요? 작은 물방울이 끊임없이 돌에 떨어지면 결국 돌에 구멍이 뚫릴 수 있단다. 신기하지 않니?

나영: 우아, 이런 일이 가능해요? 신기하다.

교사: 그럼 이 속담은 무슨 뜻일까?

영준: 낙숫물이 바위를 뚫는다? 이거 좀 어려워요. 책에는 작은 일이라도 계속 노력하면 큰 일을 이룰 수 있다고 나와요.

교사: 맞아, 우리가 인내하며 최선을 다하면 불가능할 것 같은 일도 해낼 수 있다는 뜻이에요. 여러분도 이 속담처럼 꾸준히 한국어 공부를 할 수 있겠죠?

가은: 선생님, 속담이 재미있어요. 다음에도 또 속담 찾아봐요. 내가 아는

속담이 나오면 좋겠다.

교사: 좋아요. 우리 속담을 매주 한 개씩 찾아서 공부해 보면 어떨까요?

속담 수업 과정

우리 반 속담 수업은 초등학교 3학년 국가 수준 교육과정 교과서에 제시된 속담 표현을 우선으로 선정하고, 한국의 문화와 정서가 반영된 속담들을 추가로 찾아서 활용한다. 일기를 쓰는 공책에 매주 1회씩 속담을 활용한 글쓰기 활동을 병행한다. 학생들은 속담의 뜻을 찾아보며 의미를 이해하고, 자신의 경험을 표현하는 글 속에 속담을 인용한다. 어느덧 학생들은 공책에 속담과 관련하여 10편이 넘는 글을 쓰고 있고, 그 속에 재미있는 경험과 이야기들을 채우고 있다. 나는 학생들에게 매주 속담을 하나씩 제시하고, 학생들은 속담을 활용하여 자신의 경험을 글로 쓰고 있다.

속담 및 관용표현 목록 (예시 자료)

순서	속담	출처
1	낙숫물이 바위를 뚫는다	도덕 22쪽
2	천 리 길도 한 걸음부터	-
3	아니 땐 굴뚝에 연기 날까	국어활동 53쪽
4	콩 심은 데 콩 나고 팥 심은 데 팥 난다	국어활동 53쪽
5	공든 탑이 무너지랴	사회 70쪽
6	티끌 모아 태산	-
7	백지장도 맞들면 낫다	-
8	산 넘어 산이다	사회 26쪽
9	마른하늘에 날벼락	-
10	눈 깜짝할 사이	관용표현
11	비행기 태우다	관용표현

이 활동은 우리 문화와 전통 그리고 생활 모습을 경험하고 알아가야 할 귀국학급 학생들에게 문화적 문식성(cultural literacy)[3]까지 높이기에 아주 효과적이다. 아이들의 재치 있고 다양한 글쓰기 활동지를 살펴보며 칭찬과 격려의 피드백을 꾸준히 전달하고 있다. '칭찬은 고래도 춤추게 한다.'라는 말처럼 학생들에게 끊임없이 칭찬과 보상을 주면서 긍정적 강화를 일으키고자 함이다. 속담 학습은 학생과 교사가 모두 즐겁게 어휘 공부를 할 수 있는 문해력 키우기 전략이 되고 있다.

5월 31일, 다경이의 속담 일기

속담: 아니 땐 굴뚝에 연기 나랴

불을 지피지 않은 굴뚝에서 연기가 날 리가 없다는 뜻이다.

내가 방귀를 뀌고 나는 아닌 척을 했다. 엄마가 냄새난다고 누구냐고 물었다. 나는 계속 내가 아닌 척을 하니 엄마가 "아니 땐 굴뚝에 연기 나랴." 라고 했다.

6월 19일, 진서의 속담 일기

속담: 산 넘어 산

토요일에 가족과 같이 낙산공원에 갔다. 어머니께서 낙산공원을 가려면 계단을 올라가야 한다고 했다. 힘들게 많이 올라가니 다리가 아팠다. 올라갔다. 그런데 오르막길이 보였다.

3 문화적 문식성(cultural literacy): 문화 분야의 기본적인 지식이나 앎이다. 즉 개인이 사회문화적 소통에서 기본적으로 필요로 하는 문화 지식이라고 할 수 있다. 이 지식은 전통에 대한 인식, 문화적 유산과 그 가치에 대한 인식, 전통으로부터 무엇인가를 배울 수 있는 능력, 어떤 문화의 장단점을 이해할 수 있는 능력 등으로 구체화된다(구인환, 《Basic 고교생을 위한 국어 용어사전》).

"산 넘어 산이네." 내가 말했더니 모두 웃었다. 우리는 힘을 내서 오르막 길을 올라갔다. 뾰족뾰족 성벽이 있었다. 올라가고 싶었지만 표지판을 보고 꾹 참았다. 우리 동네를 한눈에 볼 수 있어서 좋았다.

5월 5일, 준수의 속담 일기

속담: 공든 탑이 무너지랴?

제목: 공든 책갈피가 찢어지랴?

나는 책 읽는 것을 엄청 좋아한다. 그래서 항상 책갈피가 필요하다. 그래서 나는 책갈피를 직접 만들기로 다짐했다. 많은 방법으로 해보았는데 다 이상하게 만들어졌다. 그림이 잘 그려지면 색칠이 안 되고, 색칠이 잘 되었을 때는 자르기를 잘못하였다. 정말 많은 시도 끝에 그림과 색칠, 모양이 전부 마음에 드는 책갈피를 완성했다. 이 마음에 드는 책갈피는 계속 물에 묻어서 구겨졌다. 그래서 무거운 책 아래에 놓고 다시 펴주었다. 찢어진 부분이 생겨서 테이프를 붙여 고쳐주었다. 이렇게 정성 들여서 관리해 주니, 이 책갈피를 아직도 쓰고 있다.

속담 수업의 가능성

귀국학급 학생들을 지도하면서 국어 수업을 어떻게 하면 재미있고 효과적으로 할 수 있을지를 항상 고민한다. 주 6회 이루어지는 국어 수업은 우리 학급 학생들의 수업에서 물리적·질적으로 가장 큰 비중을 차지하고 있다. 속담을 활용한 수업은 학생들의 어휘력 향상에 다음과 같은 점에서 유용하다.

첫째, 학생들이 어휘에 즐겁게 접근하게 만들고 학생들 간의 대화 소재를 제공해 준다. 따라서 개별 어휘를 통한 학습보다 재미있고 기억에 오래 남는다. 우리 학급 학생들은 쉬는 시간에 속담 이야기를 서로 주고받으며 비슷한 속담을 누가 더 많이 아는지 내기를 하기도 한다.

둘째, 속담에는 우리의 문화와 생활 모습이 담겨 있어 학생들에게 한국적 문화와 정서를 함양하는 데 도움을 준다. 아직 한국 문화와 생활 모습이 낯선 귀국학급 학생들은 속담을 통해 한국 전통 가옥의 구조, 농경문화의 모습, 한반도의 지리적 특징까지도 학습하게 된다.

셋째, 속담은 학생들의 글쓰기 활동에 활용하기 좋아 쓰기 능력 향상을 통해 문해력을 키우는 데 도움이 된다. 낱말을 활용한 글쓰기는 문장 쓰기 정도 학습이 되지만 속담을 통한 글쓰기는 문단 쓰기까지 확장된 글쓰기가 가능하다. 따라서 학생들은 속담을 사용한 글쓰기에서 일상의 단어들을 더 많이 활용하게 되고, 더 나아가 문해력이 향상된다.

귀국학급에는 다양한 나라에서 살다 온 학생들이 있다. 그리고 다문화 가정의 학생도 있다. 우리나라도 다문화 학생의 비율이 점점 늘어나고 있고 학교도 다문화 관련 교육 프로그램들을 다양하게 준비하고 있다. 다문화 학생의 경우 한국의 문화나 생활 모습, 정서에 대한 이해와 한국어 사용을 통해 문해력을 기르는 데 어려움이 따른다. 이런 점을 생각해 볼 때, 다문화 배경을 지닌 학생들에게 문해력 교육으로 속담은 매우 적절한 소재라는 생각이 든다.

우리 학급은 속담을 활용한 어휘력 향상 수업을 1년간 지속해 나갈 예정이며 다양한 카드 게임, 초성 퀴즈, 그림으로 표현하기, 속담 사전 만들기 등의 활동을 병행하여 유의미한 학습을 꾸준히 해나갈 계획이다.

3
자기 성찰 질문을 통한 내면화 전략

유호엽

유호엽

2007년 초등학교 교사로 교직을 시작했다. 외국에 체류하며 국제학교에서 한국 학생을 가르치다가 2016년부터 서울사대부초에서 근무하고 있다. 대학원에서 한국어교육을 전공했으며, 주요 관심 분야는 학생의 글쓰기 능력 향상과 학급 문집 만들기이다. 어린 시절 꿈꿔왔던 '그림 잘 그리는 교사'가 되기 위해 부단히 노력하고 있다.

자기 성찰 질문을 통한 내면화 전략

나는 2016년 이래로 같은 학교에서 근무하고 있다. 그동안 본교에서 생활한 시간을 더듬어보자. '나는 무얼 바라 다만……'으로 시작하는 시처럼 나는 지금까지 수면 아래에서 홀로 침잠하고 있던 것은 아닐까? 문득 궁금해진다. 그동안 나는 우리 학교에서 어떻게 성장했을까? 다섯 가지를 뽑아 정리해 보았다.

오른쪽 그림에서 빨간색이 나의 성장 다섯 가지라면, 노란색은 이에 대한 구체적인 이유나 설명이다. 보라색은 앞날의 성장을 위한 나의 반성과 노력을 의미한다. 이렇게 정리하는 활동이 내게 어떤 의미가 있을까? 나는 지난 5년의 세월을 주마등처럼 빠르게 훑으며 그 속에서 가치 있는 무언가를 찾고자 했다. 그러면서 과거의 행동에서 중요한 의미를 되짚어 보고, 미래를 보듬어 통찰해 보았다.

학생들이 하는 '공부'도 이와 비슷하지 않을까 생각한다. 학생들은 하루 동안 자신이 학습한 내용 중에서 중요하다고 생각하는 것을 떠올

5년간의 학교생활 성찰

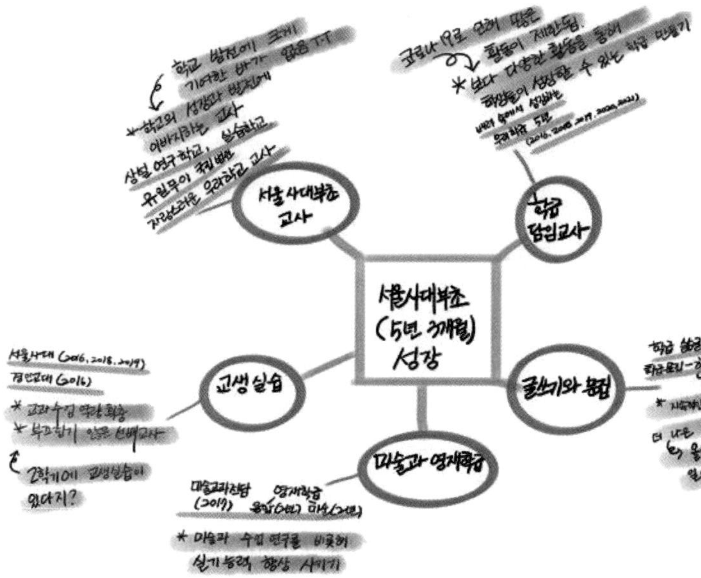

린다. 그리고 자신만의 사고와 언어로 중요한 내용에 부가 설명을 덧붙인다. 조금 더 성장한 학생이라면, 학습 과정에 대한 반성도 곁들일 것이다. 다시 말해, 학습 내용 정리는 자신의 과거와 미래를 연결하여 내면화시키는 배움의 과정이라 할 것이다. 학생들이 이를 통해 자신의 성장을 엿볼 수 있다는 것, 이것이 바로 '학습 내용 정리'의 핵심이다.

학습 내용 정리에 관심을 기울인 이유

그간 나는 학생들의 '학습 내용 정리' 능력을 키워주고자 배움공책[1]을 활용했다. 배움공책 정리는 다음과 같은 방법으로 지도했다.

먼저 학기 초 1회, 학기 중 2회 배움공책 정리 방법을 안내한다. 그리고 매주 1회 배움공책을 검사하는데, 이때 개별 피드백도 해준다. 마무리로 확인 도장을 찍어줌으로써 담임교사인 내가 학생들의 배움공책을 눈여겨보고 있음을 인식시켰다. 더 나아가 잘 정리한 공책을 복사해서 게시하거나 실물화상기로 보여주어 뭇 학생들의 배움공책 정리를 독려한다. 학생들이 열심히 따라하기는 하지만, 학생의 진정한 성장이라 할 수 있는 자기주도학습 습관 형성에는 부족함이 있다는 것을 알기에 늘 아쉬움이 있었다.

하지만 코로나19가 확산되면서 이런 시도조차도 어려워졌다. 비대면

배움공책 ①

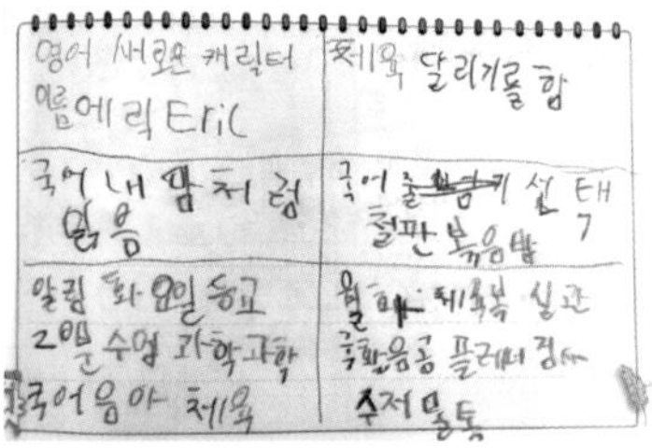

배움공책 ②

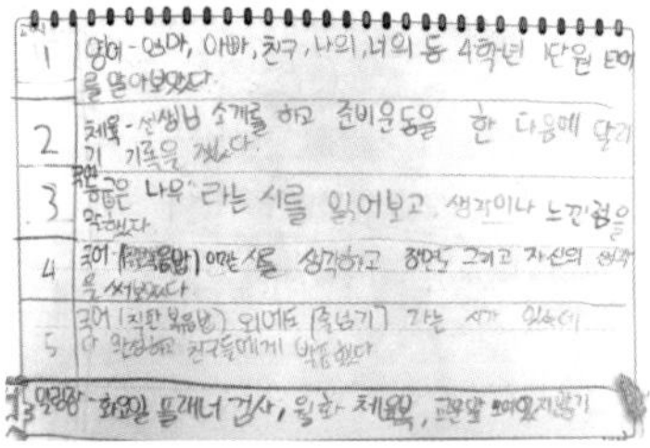

배움공책 ③

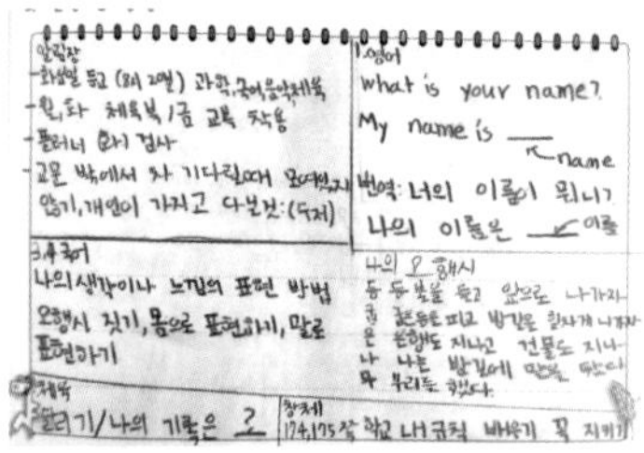

배움공책 ④

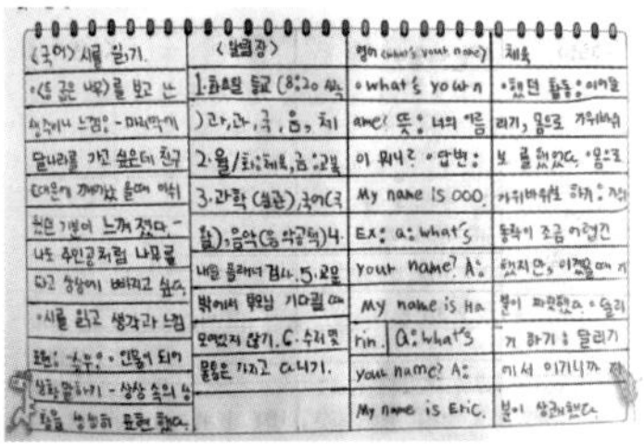

1 배움공책: 일반적인 플래너는 생활 계획과 실천, 반성을 기록할 수 있도록 구성되어 있다. 하지만 서울사대부초의 '학생생활플래너'에서는 학생들이 하루 동안 학습한 내용을 구체적으로 정리할 수 있도록 A4 반쪽 분량으로 '오늘 공부한 내용 정리하기'를 제공하고 있다. 이런 까닭에 우리 학교 학생들은 별도의 학습 정리 공책을 사용하지 않고 이 공간을 활용하여 학습 내용을 정리하고 있다. 이 글에서는 학교에서 부르는 공식 명칭인 '학생생활플래너' 대신 '배움공책'이라는 용어를 사용했다. 이 연구가 학생들의 학습 내용 정리에 초점을 맞추고 있기 때문이다.

학습으로의 전환은 여러모로 교사들을 무기력하게 만들었다. 그동안 검사와 피드백 제공을 통해 타율적으로라도 지도했지만, 원격수업 상황에서는 그마저도 어려워졌다. 배움공책 정리에 의욕이 없는 학생들의 교육 격차는 더 커지게 되었다. 앞의 사진은 3월 초 우리 반 학생들의 배움공책이다.

①은 하루 동안 무엇을 배웠는지 간단하게 적은 것이다. ②의 경우 ①보다는 내용이 길지만, 둘 다 단순한 요약일 뿐 진정한 배움이라 말하기는 어렵다. 반면, 배움공책 ③은 실제 학습 참여 여부를 확인할 수 있는 배움 내용이 잘 정리되어 있다. ④는 배움공책 정리 방법을 잘 알고 적은 것 같다. 중요한 내용을 찾아 정리하고 자기 생각과 느낌까지 잘 표현했다.

이 사례 하나로 모든 것을 판단할 수는 없지만, 아이들의 배움공책에서 확연한 차이를 엿볼 수 있다. 담임교사의 관여가 전혀 없었던 3월 초 상황이라는 것을 염두에 둘 때, 이전 학년의 학습 습관이 아이들의 배움공책 정리에 어느 정도 영향을 미쳤으리라 짐작할 수 있다. 게다가 코로나19 상황에서 가정의 학습 환경이나 부모의 양육 태도 등 자녀의 학습에 대한 부모의 관여 여부가 아이들의 학습 격차에 큰 영향을 미쳤으리라 생각한다.

이 연구를 진행하며 교육의 기회균등에 관한 '콜맨 보고서'[2]의 한 구절이 귓가에 맴돌았다.

2 콜맨 보고서: 미국의 공립학교에서 교육의 기회가 학생의 인종적 집단에 따라 지역적으로 어떻게 차별적인가를 밝혀 1966년에 국회와 대통령에게 제출한 연구보고서. 콜맨(J. S. Coleman)의 연구 책임으로 수행된 〈교육의 기회균등(Equality of Educational Opportunity)〉의 일반적 명칭이다.

실제로 교육에서 가정의 역할이 가장 중요하다. 사실상 교사는 거의 영향을 미치지 못한다. 하지만 아주 작은 부분일지라도 교사는 학생의 성장에 영향력을 가진 존재이다.

이번 연구는 코로나19로 인해 더 크게 벌어진 격차를 줄이는 것이 핵심이다. 코로나19로 인해 진정한 배움에는 다가가지 못한 채 변죽만 두드리는 학생들이 더 많아졌다는 위기감에, 그 아이들에게 작은 도움이나마 주려고 이 연구를 시작했다.

내면화 전략 적용을 위한 준비

(1) 연구를 위한 기초 조사

본격적인 연구를 위해 우리 반 학생들을 대상으로 몇 가지 설문조사를 진행했다. 예상과 달리 배움공책 정리에 어려움을 느끼지 않는다고 응답한 학생이 대부분(23명 중 17명)이었다. 하지만 학생들의 배움공책을 실제로 확인해 보니 아이들의 대답과는 차이가 있었다. 배움공책을 제대로 정리하지 못하면서도 스스로는 잘 정리한다고 믿는 학생이 다섯 명이나 되었다.

배움공책 정리가 어렵다고 대답한 학생들에게 무엇이 어려운지 물었다. 어떤 학생은 배운 내용이 잘 기억나지 않아 어렵다고 했고, 또 다른 학생은 정리 방법을 잘 모르겠다고 대답했다. 교사에게 어떤 도움을 바라냐고 물으니, 과목별로 배움공책을 정리하는 방법, 생각이나 느낌을 잘 정리하는 방법 등을 알고 싶다고 했다.

배움공책 작성 시 학생들의 어려움

- 중요한 내용이 뭔지 다시 생각하는 것이 좀 어렵다.
- 어떻게 써야 배운 것을 잘 정리하는 것인지 잘 모르겠다.
- 배운 내용이 잘 기억이 안 날 때가 있다.
- 과목에 따라 어떻게 정리하면 좋을지 몰라 어려움을 겪고 있다.
- 가끔 배움공책에 공부한 내용을 적을 때 자세하게 쓰기 어려울 때가 있다.
- 오늘 공부한 내용을 어떻게 정리하는지 잘 모르겠다.
- 어떤 방법으로 공부한 내용을 정리하면 더 구체적으로 쓸 수 있을지 고민을 많이 한다.

배움공책 작성 시 필요한 교사의 도움

- 어떻게 해야 잘 쓰는 것인지 알려주면 좋겠다.
- 수업 끝나기 전에 오늘 배운 내용을 정리해 주면 좋겠다.
- 좀 구체적으로 배움공책을 쓸 수 있고 항상 다른 내용을 적을 수 있도록 도와주면 좋겠다.
- 가끔 배움공책 쓸 때 과목별 팁을 주면 좋겠다.
- 배움공책을 검사할 때 부족한 부분이 있으면 어디가 부족한지 알려주면 도움을 받아서 잘 쓸 수 있을 것 같다.
- 배움공책 검사를 자주 하면 좋겠다.
- 생각과 느낌을 잘 정리하는 방법을 알려주면 좋겠다.

• 선생님께서 가끔 배움공책을 잘 정리하는 방법을 설명해 줬으면 한다. 앞으로 다양한 방법으로 배움공책을 쓰면서 좋은 방법을 찾겠다.

다른 학급의 상황은 어떤지 확인하고자 담임교사 몇 분과 면담을 했는데, 어느 학급이나 비슷한 양상을 확인할 수 있었다.

배움공책을 잘 정리하지 못하는 학생들은 대개 학습 부진을 경험하고 있어요. 이들은 수업에 적극적으로 참여하지 않아요. 배운 내용이 있어야 기억을 해서 정리라도 할 텐데……. (4학년 교사)

문장 표현이 정말 서툴러요. 배운 내용 가운데 중요한 것을 골라 정리하는 일이 학생들에게는 정말 어려운 숙제인 것 같아요. 기초적인 글쓰기 지도부터 필요한 것 같아요. (5학년 교사)

(2) 배움공책 정리에 어려움을 느끼는 학생의 특징

학생을 대상으로 한 설문 결과 및 동료 교사와의 면담 등을 토대로 배움공책 정리에 어려움을 겪고 있는 학생들의 공통점을 정리해 보았다.

첫째, 이들은 배움공책을 정리하는 이유나 배움공책 정리의 중요성을 잘 이해하지 못한다. 이들에게 배움공책은 열심히 정리하지 않으면 부모님이나 선생님으로부터 꾸중을 듣게 되는 귀찮은 과제일 뿐이다.

둘째, 이들은 교사가 칠판에 정리한 학습 문제나 교과서에 있는 소단원 이름을 간략하게 적는 수준으로 배움공책을 정리한다. 따라서 시간이 지난 뒤에 어떤 내용을 배웠냐고 물어보면 답변을 잘 못한다.

셋째, 이들은 수업 중 교사의 질문에 정확히 답을 하지 못하고 우물쭈물하거나 엉뚱한 답변을 하는 경우가 많다.

넷째, 이들의 글씨는 식별하기 어려운 경우가 많다. 이 아이들이 정리한 내용을 살펴보면 글씨체가 고르지 못하며, 전체적으로 어수선하다는 느낌이 든다. 또한 또래의 글씨와 비교해 보면 글자체가 상대적으로 큰 경우가 많다.

이러한 공통점 외에도 인지 수준, 학습 동기, 가정환경의 차이 등 우리가 쉽게 파악하기 어려운 다양한 요인이 학습자의 배움공책 정리를 방해하고 있다고 생각한다.

(3) 내면화 전략의 필요성

앞서 분석한 내용을 바탕으로 다음과 같은 시사점을 발견할 수 있었다. 배움공책 정리를 어려워하는 학생들은 배움공책 정리의 필요성을 깨닫지 못하고 정리하는 방법도 잘 알지 못한다. 그래서 이들 대부분은 배움을 자기의 언어로 정리하지 않고 학습한 내용을 있는 그대로 옮겨 적는 경향이 있다.

진정한 학습에 이르기 위해서는 외부에 있는 지식을 자신의 언어로 해석하여 자기화해야 하는데, 이를 망각한 채 정리 자체에만 매몰되어 목적과 수단을 구분하지 못하는 것이다. 그러다 보니 정리와 실제 배움이 연결되지 않아 시간이 조금만 흘러도 무엇을 학습했는지 기억하지 못하는 경우가 많다. 이들의 배움공책은 언제 펼쳐도 쉽게 기억나게 하는 배움의 매개체로서 그 역할을 다하지 못한다. 다시 말해, 이들은 배움의 내면화[3] 과정 없이 형식적인 정리만 하고 있다고 말할 수 있다.

따라서 본 연구는 형식적인 배움공책 정리에서 벗어나 진정한 배움을 실현할 수 있도록 학생들에게 자기 성찰 질문을 통한 내면화 전략을 안내하는 데 초점을 맞추었다.

- 오늘 내가 배운 것은 무엇인가?
- 배운 내용 가운데 중요한 것은 무엇인가?
- 왜 그것이 중요한가?
- 학습한 내용에 대해 나는 어떻게 생각하는가?

내면화 전략이란 위와 같은 자기 성찰 질문으로 그날의 배움을 자신의 것으로 만드는 방법을 말한다.

내면화 전략의 적용

효과적인 내면화 전략을 적용하기 위해 다음과 같은 준비 및 사전 활동을 진행했다.

우선, 학급 전체 구성원은 망각곡선[4]에 관한 영상을 시청했다. 더불어 학습에서 메타인지의 중요성을 확인할 수 있는 영상도 시청했다. 이러한 영상 덕분에 학생들은 복습을 통해 학습 내용을 스스로 점검하는

3 내면화: 역사와 더불어 창조·변형된 사회적 지식이 개인 밖의 사회에 외재해 있다가 개인 간 상호작용을 통해 개인의 의식 세계에 내재하는 것을 의미하는데, 주로 문학교육에서 사용하는 개념이다. 이 글에서는 배운 내용을 자신만의 언어로 재구성하여 표현하는 '자기화'에 초점을 맞춰 쓰고 있다.

4 망각곡선: 19세기 후반에 에빙하우스(H. Ebbinghaus)가 기억 혹은 망각을 연구하여 시간 경과에 따라 나타나는 일반적인 망각 경향을 그래프로 제시한 것을 가리킨다.

과정이 중요하다는 사실을 깨닫게 되었다.

또한 하루에 대여섯 개나 되는 과목을 모두 정리하면 효율성이 떨어진다고 판단해서 학생들에게 더 의미 있는 배움이 있었던 것을 두 과목 이내로 골라 정리하게 했다. 더불어 과목과 주제에 맞게 학습 내용을 정리하는 방법을 알려주었다. 예를 들면, 수학에서 공식을 적는 방법, 도덕이나 사회에서 특정 주제에 대해 생각을 정리하고 요약하는 방법, 국어에서 토의 절차를 정리하는 방법, 예체능 과목에서 그림이나 도형으로 나타내는 방법 등도 알려주었다.

마지막으로 학생들이 원하는 정리 방법을 선택하여 다양하게 활용할 수 있도록 정리 방법을 인쇄해서 배움공책에 붙여주었고, 온라인 학습방에도 이를 게시했다.

(1) 학급 지도

3월 첫 주에는 별도의 안내 없이 학생들의 배움공책 정리 수준을 점검했다. 앞서 살펴본 바와 같이 많은 학생들이 처음에는 무엇을 어떻게 해야 할지 몰라 고민했다.

3월 둘째 주에 한 차례 배움공책 정리 방법을 안내했다. 수업에서 중요한 내용이 무엇인지 생각하여 정리하라고 강조했다. 그렇지만 모든 학생이 교사의 지도와 안내 방법을 따르지는 않았다. 여전히 학습한 내용을 배움공책에 간단하게 옮겨 쓰는 학생이 많았고, 길게 쓰더라도 실제적인 배움과는 거리가 먼 내용을 의미 없이 기록하는 학생도 눈에 띄었다.

4월 말까지는 내면화 전략 대신 학생들이 그날 학습 과정을 떠올리며 중요한 내용이 무엇인지 정리할 수 있도록 유도 질문을 했고 동시에 개별 피드백을 제공했다.

본격적인 내면화 연구를 시작한 5월 초에는 학생들이 배움을 내면화할 수 있도록 '배움-중요-반성'의 형태로 배움공책 정리 방법을 안내했다. 아래 예시는 3월부터 6월 초까지 한 학생의 배움공책 정리 과정을 나타낸 것이다.

3월 초

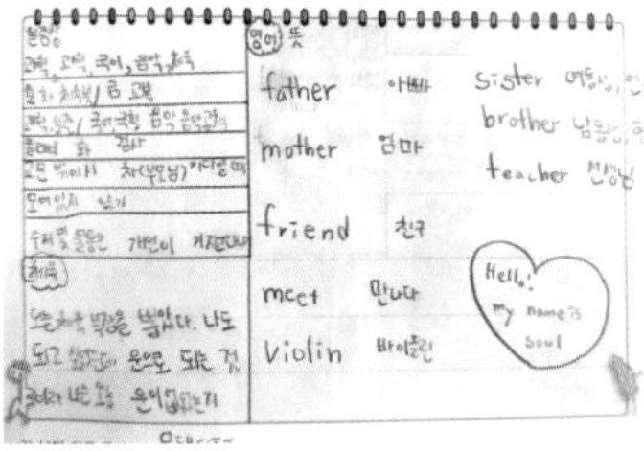

4월 초

5월 초

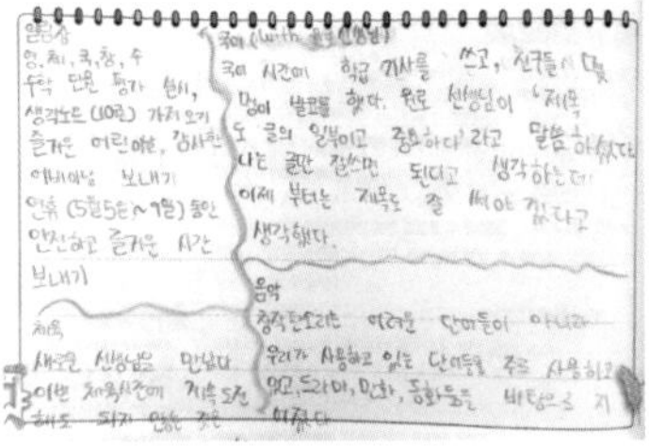

6월 초

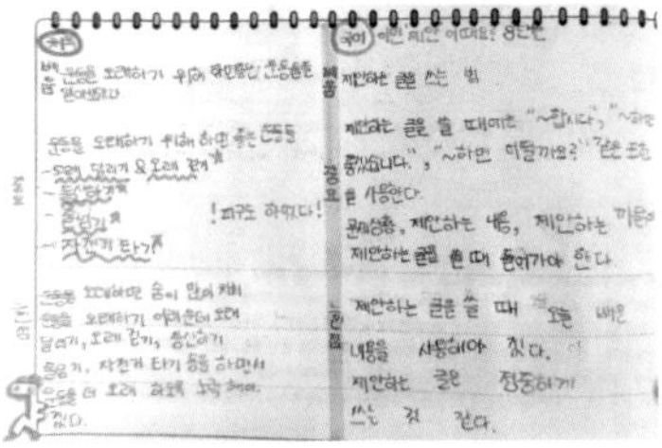

이 학생도 처음에는 배움공책 정리 방법을 몰라 헤매는 것처럼 보였다. 하지만 배움공책 지도를 통해 약간의 변화를 확인할 수 있었다. 3월 초에는 단순히 학습한 내용을 정리했다면, 이후에는 중요하다고 생각하는 내용을 선별하여 좀 더 자세히 정리했다. 5월 초 내면화 전략을 적용한 이후부터는 배움공책에 중요한 내용과 자기 생각을 조금 더 구체적으로 정리하기 시작했다. 교사의 거듭된 긍정적 피드백을 통해 6월 초부터는 더 선명하게 배움과 반성을 연결하여 현재는 바람직한 내면화 과정을 경험하고 있다.

(2) 개별 학생 지도

개별지도는 학생의 배움공책에 첨삭하거나 개별 면담으로 진행했다. 배움공책을 검사할 때는 학생이 잘한 내용을 칭찬하며, 어떻게 하면 보다 나은 방법으로 배움공책을 정리할 수 있는지 알려주었다. 또한 과목별 정리 방법을 학생들의 배움공책에 붙여주었다. 그리고 잘 정리한 배움공책과 자신의 배움공책을 비교함으로써 정리 방법의 차이가 무엇인지 함께 이야기했다. 더불어 "너도 노력하면 할 수 있어."라며 자신감을 북돋워 주었다. 실제로 한 학생은 개별 면담 이후 성취동기가 더 커졌으며, 이전과 달리 내면화 전략을 활용하여 배움공책을 정리하는 모습을 보여주었다.

개별 학생 지도와 학생의 생각

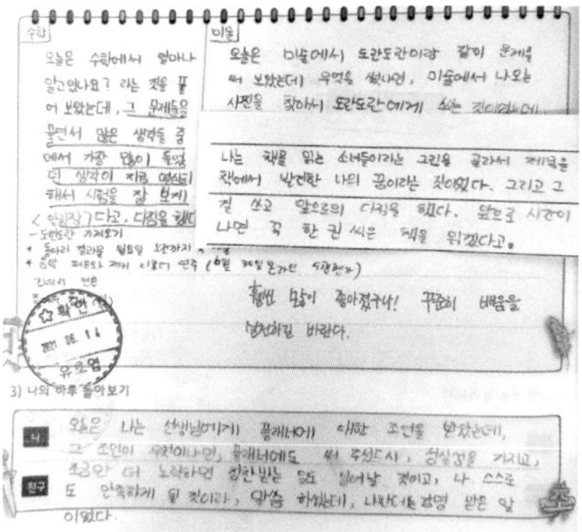

(3) 배움공책 정리 유형

학생들에게 내면화 전략을 적용한 이후에 그 변화 수준을 분석해 보니, 우리 학급의 학생들을 다섯 가지 유형으로 분류할 수 있었다.

- 유형 1: 배움공책 정리 방법을 잘 이해하고 있었으며 교사가 알려주는

방법으로 방향을 잘 찾아 높은 수준의 내면화를 보여주는 학생들.

- 유형 2: 부분적으로 보완이 필요하나 배움공책 정리 방법을 어느 정도 이해하고 있는 학생들. 이 학생들은 나름의 배움을 바탕으로 내면화 과정을 경험하고 있었다.
- 유형 3: 내면화 전략을 일부 활용하여 중요한 내용을 찾아 정리하는 학생들. 그러나 자기 생각이나 느낌을 정리하는 데에는 다소 어려움을 느끼고 있었다.
- 유형 4: 담임교사가 제시한 방법을 따르지 않고 배운 내용을 자의적으로 간단히 정리하는 학생들. 이 학생들은 평소 수업 시간에도 교사의 설명과 안내에 집중하지 않아 엉뚱한 행동을 하곤 한다.
- 유형 5: 자기 생각을 정리하는 것을 정말 힘들어하는 학생들.

(4) 유형에 따른 개별지도

이 가운데 넷째 유형과 다섯째 유형의 학생들은 배움공책 정리 수준을 구분하기가 어려웠다. 다만, 개별지도 및 면담 과정으로 그 차이가 확연히 드러나기 시작했다. 넷째 유형의 학생들에게 개별적으로 배운 내용을 정리하라고 했더니, 정말 짧은 시간에 내면화 과정 없이 정리를 끝마쳤다. 이들 중에는 배움공책 정리가 전혀 어렵지 않다고 생각하는 학생도 있었다. 반면, 다섯째 유형의 학생들은 짧은 내용을 정리하는 데도 20분 이상의 시간을 소요했고 생각을 쥐어짜며 고통스러운 표정을 지어 보이기도 했다.

그런데 두 유형의 학생들에게서 공통점을 발견한 계기가 있다. 배운 내용을 마인드맵으로 표현하게 했더니 글쓰기의 초기 단계인 '생각 생성'에서부터 큰 어려움을 겪었다. 두 유형의 학생들 모두 정해진 글감에 대해 풍부한 생각을 꺼내지 못했고, 이를 조직화하는 일에 큰 어려움을 느끼고 있었다. 수업 집중 문제, 인지 수준, 생각을 꺼내는 훈련의 부족 등 다양한 원인에 따른 결과일 수 있겠다고 짐작한다.

이처럼 학생들이 어려움을 겪는 유형을 분석하고 그에 따른 개별지도 모형을 만들기까지 더 많은 연구가 필요하리라 생각한다.

나의 연구는 어디로

내면화와 관련하여 본격적인 연구 기간은 실제로 두어 달밖에 되지 않았다. 실상은 해마다 해오던 일상적인 배움공책 지도 과정에 '코로나19 시대의 격차 해소'를 주제로 부설학교 실천연구가 중간에 투입되었다는 표현이 더 정확할 것이다. 격차 해소를 위한 부설학교 실천연구, 그리고 몇 차례 연수와 회의로 이 연구의 방향을 찾아가고자 했다. 그 과정에서 문득 배움공책에 대한 나의 해묵은 숙제가 떠올랐다.

- 왜 학생들은 정리를 어려워할까?
- 어떻게 하면 학습한 내용을 유의미하게 정리할 수 있을까?

나는 이 숙제를 해결하기 위해 학생들이 자기 성찰 질문을 통해 스스로 내면화 과정을 경험하도록 안내했다. 일부 학생은 짧은 시간 내에 괄목할 만한 변화를 보여주었다. 하지만 정작 격차 해소 연구에서 초점을 맞춰 성장을 이끌고 싶었던 학생들의 변화는 지지부진했다. 학생들의 진정한 배움을 실현하겠다는 부푼 꿈을 안고 시작한 연구였지만, 이 과정에서 격차의 완화는커녕 이면에 숨겨져 있던 문제들만 더 들추어낸 것 같은 기분이다.

머리는 복잡해졌지만 조금도 실망하지 않는다. 오히려 앞으로 배움공책 지도를 향한 길고 긴 여정을 생각한다면, 이 연구는 이제 막 시작되었다고 말하는 게 더 어울릴 것이다. 그런 의미에서 이 실천연구는 연구의 가속화를 위한 모멘텀쯤으로 생각하는 게 걸맞을 듯하다.

이 연구는 배움공책 정리 과정에서 초점화하고자 했던 내면화로만 귀결되지는 않는다. 내면화 연구에서 나아가 학생의 사고와 표현 과정이라 할 수 있는 글쓰기에 관한 연구로 이어진다. 즉 '글쓰기 지도로 학생들의 내면화 능력을 키운다면 배움공책에도 많은 영향을 미칠 수 있다.'라는 새로운 탐구 과제를 발견했다는 것이 이 연구를 통해 얻게 된 값진 수확물이라 생각한다.

얼마 전 배움공책 정리를 어려워하던 한 학생을 지도해 주겠다고 했을 때, 그 어머니가 전화로 털어놓은 하소연이 기억난다.

> 우리 아이만 보면 답답해요. 우리 아이는 도통 무슨 생각을 하고 있는지, 배움공책을 정리하는 데 왜 이렇게 어려움을 느끼는지 모르겠네요.

2학기에는 그 학생이 누구보다 크게 잘 자라고 있다고 어머니께 꼭 말씀드려야겠다. 아니, 글쓰기 공책과 배움공책을 통해 아이의 성장을 확인시켜 드려야겠다.

4
수학 기초학력반 학생의 마음을 움직이는 힘

민경실

민경실

2015년에 한민고등학교에서 교직을 시작했으며, 2017년부터 서울사대부중에서 수학을 가르치고 있다. AI와 교육, 스마트폰 앱 만들기 등 컴퓨터와 기기 관련 활동에 관심이 많다. 2017년부터 꾸준히 사제 멘토링 활동을 이어오고 있다.

수학 기초학력반 학생의 마음을 움직이는 힘

학생들이 어렵게 느끼는 과목으로 늘 등장하는 것이 바로 수학이다. 수학을 어려워하고 피하려고만 하는 아이들을 마주하다 보면 어떻게 해야 그 아이들을 이끌고 갈 수 있을지를 항상 고민하게 된다. 그런데 이런 고민이 더욱 커지기 시작했다. 바로 코로나19 때문이다.

갑작스러운 상황으로 인해 시작된 원격수업은 교사에게도 혼란을 가져왔다. 원격수업을 제대로 하기 위해서 여러 연수를 들으며 수업 방법을 익혀나갔다. 그리고 원격수업에서도 학생들이 개념을 이해하고 적용하는 연습을 할 수 있도록 수업을 설계했다. 학생들이 제출한 과제를 보면서 강의를 열심히 듣고 개념을 적용하여 풀이한 학생과 답만 베껴서 낸 학생, 또는 아예 문제를 풀지 않은 학생들을 확인하고 그에 맞춰 개별화된 피드백을 주기 위해 노력했다.

그러나 교사가 여러 가지 노력을 기울임에도 불구하고 과제를 제출하지 않는 것을 넘어서서 문자와 전화로 아무리 연락해도 묵묵부답에,

심지어 부모님께 연락해도 요지부동인 학생들 앞에서는 한계에 부딪힐 수밖에 없었다. 그래서 그 학생들이 등교하는 날만을 기다렸다.

학생들을 방과후에 남겨서 밀린 과제를 시키면 학생들은 또 언제 그랬냐는 듯 천진난만하게 웃으며 과제를 수행했다. 그냥 과제를 하는 것이 아니라 교사의 말을 경청하고 늦게까지 학교에 남아서 성실하게 과제를 수행했다. 이러한 학생들의 모습에 당황할 수밖에 없었다. 아니, 전화도 문자도 모두 흘려버리는 모습에 '드디어 사춘기가 온 것인가? 교사의 말을 듣지 않겠다고 작정한 것인가?'라고 생각하며 상심에 젖었던 일이 거짓말처럼 느껴졌다.

원격수업을 시작하면서 영상도 여러 번 편집하고 양질의 콘텐츠 수업을 준비했다고 생각했다. 그리고 콘텐츠 수업의 경우 본인의 의지에 따라서는 반복해서 학습할 수 있어서 나름대로 장점이 많다고도 생각했다. 그러나 이러한 상황을 겪고 보니 수학을 좋아하지 않고 수학을 어렵게만 여기는 학생들에게는 아무리 질 높은 원격수업이라 하더라도 아무 의미가 없는 듯했다. 그렇다면 이 아이들을 어떻게 해야 할까? 고민이 깊어졌다.

우선 나는 이 학생들을 따로 학교로 불러내기 시작했다. 나는 이런 수업을 계획했다.

- 소규모 수업
- 얼굴을 마주하는 수업
- 매일 이루어지는 꾸준한 수업

단순히 수학 수업만 하는 것이 아니라 학생들이 자신의 이야기를 많이 꺼내놓을 수 있도록 소소하게 상호작용을 할 수 있는 활동들을 마련하기 시작했다. 이를 계기로 코로나19 상황에서 수학 기초학력이 부진한 학생들이 학습 면에서 어려움을 겪게 되는 부분은 무엇인지, 도와줄 방법은 없는지를 깊이 있게 탐구하기 시작했다.

원격수업, 아이들이 왜 이러는 걸까?

'아이들이 왜 이러는 걸까?' 나의 첫 번째 의문은 통계 포스터 수업을 하면서 어느 정도 풀렸다. 우리 학교 3학년 학생을 대상으로 '자기주도학습'에 대해 설문조사를 실시한 결과 39.3%가 자기주도학습을 하지 않는다고 대답했고, 그 이유의 69.7%는 귀찮아서였다.

등교를 하게 되면 책상 앞에 앉아 있어야 하고, 앞에 선생님이 있으니 다른 생각을 하다가도 결국 수업에 참여할 수밖에 없는데, 집에서는 그렇지 않다. 대부분의 콘텐츠 수업은 자기가 수업에 접속하여 강의를 듣고 학습지를 풀어 과제로 제출하는 구조로 되어 있다는 점에서 자기주도학습 능력을 필수적으로 요구한다. 상황이 이러니 그런 능력이 부족한 학생들에게는 매시간 강의를 찾아서 듣고 과제를 제출하는 원격수업이 버거웠을 것이다.

게다가 공부를 방해하는 요인으로 33.3%가 인터넷, 21.6%가 게임, 25.5%가 SNS(카톡, 페이스북, 인스타그램 등)를 지목했다. 약 80% 정도가 컴퓨터와 관련된 요인인 셈이다. 이런 아이들에게 컴퓨터 앞에서 공부하라는 건 너무나 큰 유혹을 참아야 하는 일이다. 학생들 대부분은

자기주도학습에 대한 설문조사 결과 (2021년)

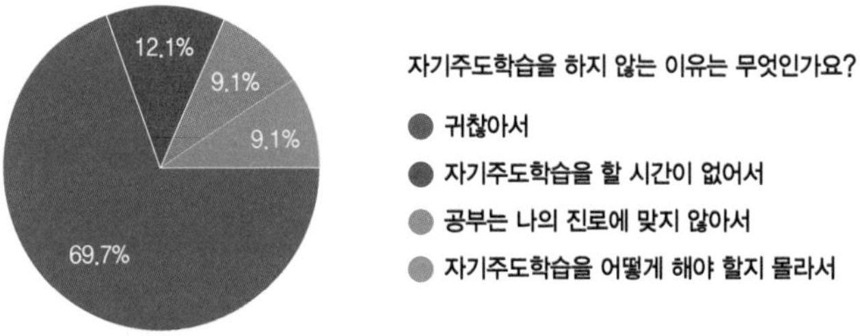

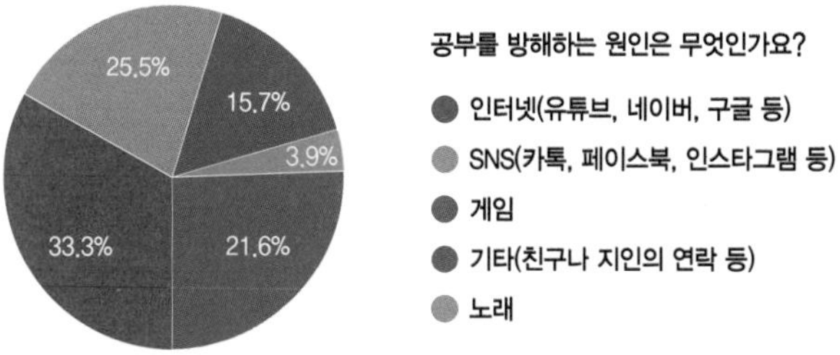

원격수업의 어려움을 호소하며 '집중이 안 된다'고 이야기했다. 구체적인 의견으로는 '공부를 해야 하는데 자꾸 핸드폰을 만진다, 집중하기 힘들다, 혼자 공부하기 힘들다.' 등이 있었다.

코로나19로 인해 일상이 변화된 학생들도 있었다. 매일 규칙적으로 일어나 학교에 오던 삶에서 집에 있는 삶으로 변하니, 마치 방학인 듯 생활하는 학생들이 있었다. 밤낮이 바뀌니 원격수업에 제대로 출석하지 않고 연락은 불통이 된 학생들, 더 나아가 일상적인 생활까지 통제가 어렵게 되어버린 학생들이 늘어나면서 교사도 지칠 수밖에 없었다. 그렇다고 포기할 수도 없는 노릇이었다.

특히 코로나19로 인해 가정의 경제적 수준이나 부모의 관심 여부에 의한 교육 격차가 커진다는 점이 가장 마음을 안타깝게 했다. 부모님이

맞벌이인 경우 제대로 신경을 써주지 못해서, 그런 학생들은 부적응이 두드러졌다. 내가 만난 몇몇 학생 역시 그랬는데, 결국 나는 이 학생들을 데리고 수학 기초학력 수업을 진행하기 시작했다.

기초학력 수업의 시작

기초학력 수업에 앞서 먼저 진단검사를 했다. 진단검사는 수학 기초학력 진단시스템(s-basic.sen.go.kr)이 제공하는 문항을 사용했다. 검사 결과를 살펴보니 예상했던 것과 크게 다르지 않았다. 먼저 학생들은 수 감각이나 기본연산 능력 측면에서 문제를 겪었다. 특히 내가 함께한 학생들은 주로 초등학교 평가 요소 중에서도 분수 및 소수와 관련된 개념과 계산법, 주어진 비를 간단한 자연수의 비로 나타내는 것 등에 어려움을 겪고 있었다. 이는 기존 수학 기초학력 부진 학생 및 기초학력 미도달 학생을 연구한 결과와도 일치했다.[1] 그래서 먼저 이 부분과 관련한 수학적 기초를 마련한 후 다음 단계로 넘어가야겠다고 계획을 세우게 되었다.

먼저 학생들이 공통으로 많이 틀린 초등학교 평가 요소에 대한 수업부터 진행했다. 학생들은 자기가 부족하다는 것을 잘 알고 있던 터라 그래도 꿋꿋하게 따라오려고 노력했고, 여러 번의 형성평가를 거치면서 실력을 쌓아나가기 시작했다. 그 결과 학생들은 점차 스스로 오개념

1 고정화(2008), 〈초등학교 3학년 수학 기초학력 미도달 학생의 특징 분석〉, 《수학교육학연구》 18(3). 이대식·최종근·전윤희·김연진(2007), 〈수학 기초학습부진학생 집단의 특징 연구〉, 《아시아교육연구》 8(1).

을 발견하게 되었고, 기본적인 산술 능력도 갖추기 시작했다. 우리는 그렇게 초등학교 과정을 드디어 한 달여 만에 마치게 되었다.

"선생님! 저 이제 이거 어떻게 푸는지 좀 알 것 같아요."

"아, 이거 너무 쉬운 것 같아요. 선생님, 저 더 어려운 거 주세요."

처음에는 수학만 봐도 울렁증을 보이던 아이들이 어느덧 자신감을 얻으며 이런 말도 하는 모습을 보고 나름대로 뿌듯함을 느꼈다. 그런데 다음부터가 고비였다. 초등학교 과정을 넘어서 중학교 1학년 소인수분해를 배우기 시작했는데, 익혀야 하는 내용의 수준과 양이 초등학교 과정과는 비교도 할 수 없었고 진도가 더뎌지기 시작했다. 게다가 수학 기초학력 수업은 열심히 참여하지만 정규 수학 수업에는 여전히 제대로 참여하지 않는 모습, 밤낮이 바뀐 생활 태도 때문에 상황은 더욱 악화될 수밖에 없었다.

결국은 실패한 여러 가지 프로그램

나는 수학만이 아니라 다른 생활 측면에서도 학습 동기를 불러일으키고자 여러 가지 프로그램을 시도해 보았다. 먼저 생활 습관 형성을 위해서 '자신의 생활 되돌아보기'와 같은 시간표 프로그램을 짜보았다. 학생들이 인생에 도움이 되는 행동은 초록색으로, 일상적인 행동은 노란색으로, 인생에 방해가 되는 행동은 분홍색으로 표시하는 활동이었다. 그런데 우선 시간표 작성하기를 너무 귀찮아하고, 작성해 왔다고 해도 글씨를 알아보기가 힘들었다. 그리고 아무리 매일 보는 선생님이라 해도 선생님께 알려지기를 꺼리는 사생활이 있는 것 같았다. 또한 시간표에 계속 '놀았다'라고 쓰면서 학생이 자기 스스로에 대해 더 큰 스트레스를 받는 것 같아 결국 중단하고 말았다.

다음으로는 진로 또는 인생의 목표를 고민해 보고 계획을 짜보는 '만다라 플래너' 프로그램도 했다. '만다라 플래너'는 큰 틀에서 목표를 구상하고, 다시 9개의 칸으로 나눠 구체적인 계획을 짜고 매일 실천에 옮기는 프로그램이다. 추상적으로 '미래를 위해서 공부해 보자.'가 아니라, 내 인생의 구체적인 목표를 위해 공부를 해보자는 동기부여를 위한 활동이었다. 그러나 쓰는 내내 짜증을 내며 이걸 왜 쓰는지 모르겠다는 표정으로 앉아 있는 학생들. 처음에는 왜 이렇게 안 따라주는지 답답한 마음이 들기도 했고 나의 노력이 부족한가 싶어 나름대로 여러 논문과 학습 프로그램을 참고하여 다른 방식으로도 시도했다. 하지만 이 학생들에게는 크게 도움이 되지 않았다. 얼마 후 나는 그럴 수밖에 없는 본질적인 이유를 발견했다. 아이들과 점차 깊은 대화를 나누면서 학생들에게 필요한 것은 이런 계획 세우기나 자아실현에 관한 이야기가 아님을 깨닫게 된 것이다.

AI가 만능은 아니다

처음에는 목표를 세우고 구체적인 계획에 따라 실천하고, AI(인공지능) 등의 최신 기술을 적용한 소문난 프로그램들을 수행하다 보면 학력 격차가 줄어들 것이라고 짐작했다. 이처럼 학력 격차를 줄일 수 있는 효율적인 학습 방법을 찾는 것이 이 연구에 참여한 목적이기도 하다. 하지만 실제 현장에서 아이들과 날마다 함께하며 수업을 하다 보니 그것이 먼저가 아님을 깨달았다.

우선 아이들에게는 공부가 전혀 중요하지 않았다. 아이들의 눈앞에 놓인 것은 부모님의 불화로 인해 편히 잠들지 못하는 상황, 일상적인 돌봄이 잘 이루어지지 않아 내일 먹을 저녁을 걱정해야 하는 상황이었다. 이런 아이들에게 자아실현을 위한 진로지도나 AI 프로그램 중심의 교육이 과연 얼마나 의미가 있을까?

"간식 주세요! 저는 햄버거가 제일 좋아요!"

승민이는 행복하다는 말을 직접적으로 하지는 않지만, 수학 학습을 마치고 햄버거를 먹을 때가 가장 행복해 보인다. 물론 청소년은 대부분 햄버거를 좋아하겠지만 승민이가 점심까지 굶고 수업을 들으러 온 적이 몇 번 있다는 사실을 알게 된 뒤부터 나는 거의 날마다 간식을 준비해 두고 아이들을 기다렸다. 그렇게 우선은 먹을 것에 대한 욕구부터 충족해 주는 것이 첫 번째 임무라고 생각했다.

나는 이러한 학생들의 모습을 관찰하는 과정에서 매슬로(Maslow)의 욕구 이론을 떠올렸다. 이 이론은 오래된 연구 결과이기는 하나, 실제로 아이들의 모습을 관찰했을 때 분명한 시사점을 지니고 있었기 때문이다. 매슬로는 인간의 욕구를 '생리적 욕구, 안전에 대한 욕구, 소속감과 사랑에 대한 욕구, 존경의 욕구, 자아실현의 욕구' 이렇게 5단계로 구분하고 이 욕구들이 단계별 위계를 가진다고 설명했다. 당장 불면증으로 인해 잠을 자지 못한 상태에서 아무리 좋은 AI 프로그램을 도입하더라도 그 아이에게 학습 동기를 일으켜 줄 수 있을까? 머릿속에는 가정 및 교우 관계 문제 등이 가득한 상태에서 꿈을 찾고 진로를 고민하라는 말이 귀에 잘 들릴 수 있을까? 학생들이 기본적인 욕구가 충족되지 않은 상태에서 다음 단계로 나아가도록 동기를 부여할 수 있는 것은 과연 교사일까, AI일까?

나는 이 고민의 과정에서, 동기를 부여하고 나서 학습 방법을 찾는 데는 AI가 유용할지 모르나 AI가 학력 격차 해결책의 만병통치약은 아니라는 사실을 다시금 깨닫게 되었다. 2년째 서울대학교 부설학교진흥원의 연구원으로 AI 교육 및 다양한 AI 콘텐츠의 활용에 관해 연구하면서 AI가 바꿀 미래와 학력 격차 해소에 대해 큰 기대감이 있었다. 하지만 학생들의 일상을 깊이 관찰하고 나서 느낀 점은 교사와의 라포르(rapport)를 통한 인간적인 관심과 돌봄은 그 어떤 것으로도 대체할 수 없으리라는 깨달음이었다.

정말 중요한 것은?

학력 격차를 줄이기 위해 가장 중요한 것은 일타강사의 교수법, 카드쓰기 등과 같은 효율적인 프로그램이 아니었다. 더 일상적인 도움이 필요했다.

첫 번째, 학생의 안정적인 욕구 충족이다. 규칙적인 식사와 제시간에 잠을 잘 수 있는 환경을 제공하고 필요한 것을 채워주어 학생들이 마음의 안정을 느낄 수 있도록 해야 한다. 사실 전교 1등의 공부 비법은 어디에서든 쉽게 접할 수 있다. 최근에는 인터넷 강의가 보편화되고 유튜브, EBS, AI 튜터 등 다양한 프로그램이 학습 방법을 알려준다. 방법을 몰라서 공부를 못 하는 것은 아니라는 말이다. 바꿔 말하면, 공부를 시작할 수 있게 만드는 힘과 꾸준하게 추진해 나갈 수 있는 동기는 기계나 콘텐츠가 줄 수 있는 것이 아니다. 그것은 다양한 욕구에 대한 충족과 교사와 학생의 상호작용 속에서 커가는 것이다.

"선생님, 제가 옛날에 어떤 선생님께 받은 문제집이 있는데요. 거기 있는 문제를 꼭 풀고 싶거든요. 저 소인수분해부터 알려주세요."

도준이가 중학교 1학년 첫 단원인 소인수분해를 알려달라고 했다. 중학교 3학년의 기초 내용과 초등학교 연산 연습을 하던 나는 잠시 당황했지만, 원하는 대로 소인수분해의 개념과 소인수분해 하는 법을 알려주었다.

"이제 저 소인수분해 문제집 풀 수 있죠?"

"응, 간단한 건 풀 수 있을 거야."

다음 날, 도준이가 환하게 웃으면서 찾아왔다.

"선생님, 저 그 문제집 풀었어요! 처음 몇 문제지만요. 이거 진짜 너무너무 풀고 싶었거든요."

알고 보니 그 문제집은 내가 2년 전 학교에 잘 나오지 않던 도준이에게 준 것이었다.

"이거 사실…… 선생님이 주신 거예요."

말해놓고 쑥스러웠는지 도준이는 연신 수정테이프를 종이 위에 그었다. 내가 별 관심을 보이지 않자, 반 통을 다 쓸 만큼 종이에 수정테이프를 그었다. 그러면서 '따르르륵' 하는 소리가 너무 재미있다며 웃는다. 도준이가 웃는 모습을 중학교 3년 동안 처음 보았다. 그렇게 풀고 싶다고 했던 문제집도, 자랑스럽게 꺼내놓은 필통도, 관심을 받고 싶어 자꾸 긋던 수정테이프도 전부 2년 전 내가 주었다고 한다. 문제집을 받고 2년 동안 풀고 싶었는데 한 문제도 풀 수 없어 방치했다가 용기를 내어 찾아왔다고 했다.

나는 이날 적잖이 충격을 받았다. 학교에 무단으로 늦게 와서 앉아 있던 학생에게, 수업 시간에 들어오지 못했기 때문에 집에서라도 공부했으면 하는 마음에서 줬던 문제집이 2년 후에 수학을 공부하고 싶게 만든 동기에 조금이라도 영향을 미쳤을 것이기 때문이다. 혹시 잠이 오지 않는 밤에 멍하니 책상을 바라보다가 문제집이 눈에 들어왔던 걸까? 당장 학생이 공부에 관심이 있든 없든, 불이 꺼지려 하더라도 다시 한번 눈길과 관심을 준다면, 학교와 교과에 관심을 가지지 않았을까?

(4월 16일, 교사 일기)

학습을 위해 이런 것까지 필요하다고?

관심을 가지고 학생들을 바라보면 필요한 것들이 하나둘 보인다. 아침부터 굶고 오는 때는 공부보다 밥이 먼저다. 연필, 지우개 등의 문구류가 없을 때는 학습에 필요한 준비물부터 갖춰줘야 한다. 가만히 문제를 풀지 못하고 자꾸 일어나려 할 때 이유를 물어보면 집에 의자가 좋지 않아 허리가 아프다고 대답한다. 평소보다 집중력이 떨어지는 날도 있다. 물어보면 불면증으로 잠을 설쳤다고 한다. 글씨가 엉망이라 어떤 숫자를 썼는지 판독이 안 되는 학생에게는 글씨 연습이 우선이다. 방과후에 정기적으로 시간을 보낼 수 있는 심리적인 안식처 역시 필요하다.

유찬이는 수업 중에 이러한 말을 한 적이 있다.

"선생님, 저는요…… 다른 애들은 집에서 공부하라고 강요도 하고 해서 하는데, 전 아니에요. 공부는 눈에 보이지 않고 목표도 없어서 하고 싶은 의욕이 사라져요."

유찬이의 이런 말을 듣고 보니 동의하지 않을 수가 없었다. 평소에도 가정에서의 돌봄이나 심리적 안정감이 없는 학생들은 학교생활에 어려움을 겪는다. 그런데 코로나19 같은 상황에서 이런 아이들은 학습에서 더 소외될 수밖에 없다. 아이들은 학교마저 오지 않으니 점점 더 의욕이 사라지고 있었고, 그런 아이들에게 수학은 아무런 의미를 지니지 못했다.

유찬이는 집중하려는 모습을 보였지만, 기억하는 것도 이해하는 것도 어제보다 못했다. 어제는 풀었던 문제를 오늘은 풀지 못하는 상황. 왜 그런지 물어보니, 어제 2시간밖에 못 잤다고 한다. 오늘은 미인정 지각에, 심지어 담임선생님께는 정규 수업을 조퇴하고 집에 가고 싶다고 했단다. 그런데 그런 아이가 방과후에 진행하는 수학 기초반 수업에 나온 것이다.

어릴 때 엄마가 먹던 수면제를 반 알 쪼개서 몇 번 먹었다고 하는데, 몸에 좋지 않을 것 같아 요새는 먹지는 않고 있다고. 그래도 기초학력반 수업에 와서 수학 수업은 열심히 듣는 것을 칭찬해야 할지, 생활 태도를 고치라고 단호하게 말해야 할지. 생활 습관이 빨리 개선되기를 바라면서 수면에 좋은 여러 가지 방법을 함께 찾아보았다. 다행인지 불행인지 요즘은 오전 수업을 미인정 지각으로 빼먹고 푹 자고 학교에 나온다. 기초학력반 수업에서도 집중하는 모습을 보인다. 잠을 자지 말고 학교에 나와서 조는 모습이라도 보여야 맞는 것일까? 그래도 학교에 나와줘서 고맙다고 해야 하는 걸까?

(4월 30일, 교사 일기)

또 실패하고 싶지 않아요

4월 21일. 드디어 형성평가의 날이 왔다. 3월부터 열심히 공부해 온 중학교 3학년 제곱근에 대해 배운 내용을 확인하는 형성평가. 교과서도 곧잘 풀고 기본적인 문제는 잘 풀었기에 절반 이상은 맞을 것이라 확신하고 있었다. 그 전날도 100점을 맞을 수 있다며 호언장담을 하던 철수. 형성평가가 있던 날 학교를 늦게 와서 방과후에 시험을 보게 되었다.

그런데 결과는? 철수는 결국 한 문제도 안 풀었다고 한다. 왜 그랬냐고 물어보니, 자신이 확실하게 알지 못하는 상태에서 문제의 답을 맞히는 것은 자기를 속이는 느낌이 들어서라는데, 아무리 생각해도 이해가 되지 않았다. 그러다 며칠 뒤 철수를 잘 아는 선생님을 통해 조금은 실마리가 풀리게 되었다. 아마도 철수는 그 전날 100점 맞을 수 있다는 자신감을 내비쳤지만, 막상 형성평가 당일에 못 푸는 문제들을 보고는 여태 수학을 가르쳐준 나에게 미안해서, 또는 자신이 열심히 노력했는데 1등이 되지 못한다는 아쉬움에 아예 문제 푸는 것을 포기했을지도 모른다는 이야기였다. '아, 그래서 그랬을 수도 있겠구나.' 나는 다시금 큰 깨달음을 얻었다.

(4월 21일, 교사 일기)

앳킨슨(Atkinson)은 학생들의 성취동기를 '성공 추구 동기'와 '실패 회피 동기'로 설명했다. 성공 추구 동기가 높은 학생은 중간 정도의 난이도 과목에 접근하는 경향이 두드러지며, 실패 회피 동기가 높은 학생은 과목에 대한 실패를 감수하면서도 어려운 과목을 선택하는 경향성이 있다. 자신의 실패를 과목의 난이도 탓으로 돌리려는 것이다. 성공 추구 동기를 갖는 학생은 학습 과제에 실패했을 때 성취동기가 증가하고, 실패 회피 동기를 갖는 학생은 학습 과제에 성공했을 때 성취동기가 증가한다. 성공의 경험이 쌓여야 한다는 뜻이다.

기초학력 부진 학생 중에서도 실패 회피 동기를 가진 학생들이 있다. 실패 회피 동기가 강한 철수는 아예 문제를 풀 시도조차 하지 않았다. 아주 쉬운 한 문제라도 풀어서 제출했다면 0점 대신 3점이라도 받았을 것이다. "제가 안 풀어서 0점 받은 거예요." 이렇게 철수는 낮은 점수를 받아서 자신이 모른다는 사실을 드러내기보다는 '풀지 않음'으로 실패의 원인을 귀인하려고 했다.

한편, 교사의 높은 기대는 학생을 실패 회피로 유인할 수 있다. 무심코 던진 "100점 맞을 수 있지?"라는 이야기가 학생에게는 '100점 아니면 실패'라는 의미로 받아들여질 수도 있기 때문이다. 따라서 학생들에게 높은 기대를 갖는 것은 필요하지만 실패 회피 동기를 가진 학생에게는 이러한 기대를 적절히 조절해 주어야 한다.

이러한 성찰을 얻게 된 후 학생들의 실패 회피 동기를 성공 추구 동기로 변화시키려고 노력했다. 쉬운 문제를 수업 초반마다 제시하여 작은 성공 경험을 쌓아주었다. 이러한 성공의 경험이 쌓이다 보면 택배가 오는 날을 손꼽아 기다리며 행복해하듯, 열심히 공부해서 시험을 기다리는 학생이 될 수 있지 않을까?

마치며

"정말 공부를 하던가요? 선생님께 너무 감사드립니다. 어디 다른 곳에 가지 않고 학교에 공부하러 온다니 그 자체만으로 얼마나 예쁜 일인가요."
어느 날 도준이가 수학을 공부하러 매일 학교에 온다는 소식에 생활지도 선생님께서 연신 고맙다고 하셨다. 가장 수고가 많으신 분께서 오히려 나에게 고맙다고 하시다니, 도준이가 그동안 얼마나 속을 썩였을까. 나는 수학 격차 따라잡기에만 초점이 있었는데, 이 아이가 다른 곳에 가서 말썽을 부리지 않는 것도 긍정적인 효과가 될 수 있구나.
복도를 지나다가 상담 선생님을 마주쳤다. 선생님이 윤재 이야기를 하셔서 나는 선생님께 윤재가 학교 수업은 나오지 않는데 기초학력반 수업은 왜 꼬박꼬박 성실하게 나오는지 알고 싶다고 말씀을 드렸다. 그러자 선생님께서 이렇게 말씀하셨다.
"성적을 높이기 위해서 가는 게 아니라, 그냥 정해진 곳에 가서 공부하고 선생님을 통해 마음의 위안을 얻고 있는 게 아닐까요?"

(4월 19일, 교사 일기)

나는 학생의 일상에 초점을 맞추어 수학 기초학력반 학생들과 연구를 진행했다. 짧은 연구 기간과 현실적인 문제들로 인해서 처음에 목표했던 바를 달성하지 못한 것은 사실이다.

하지만 의도했던 바와는 다른, 그렇지만 더욱더 소중한 메시지를 얻게 되었다. 이것만으로도 이번 실천연구에 참여한 의미는 충분하다.

내가 이 연구를 통해 얻게 된 것은 '학습 방법'이 아니다. 학생들의 학력 격차를 해소할 수 있는 첫 단추인 학습 동기는 다양한 욕구에 대한 충족과 교사와 학생의 상호작용 속에 커가는 것이라는 사실이 궁극적인 깨달음이다. 에듀테크, AI를 접목한 교육과 학습 프로그램 등에 관심이 쏠려 있는 이 시점에서 반드시 짚고 넘어가야 할 중요한 메시지라고 생각한다. 기술이 아무리 발전하더라도 기계가 학생들의 마음을 모두 채워줄 수는 없다.

"요즘 디아블로를 하는데 그걸 해서 삶이 긍정적으로 바뀌었어요."

나는 갑작스러운 태현이의 말에 의문을 가졌다.

"아 정말? 왜 디아블로를 하면 삶이 긍정적으로 바뀌는 거야?"

그때 태현이는 이렇게 대답했다.

"사람은 목표만 보기 때문에 쉽게 지치게 되는데, 디아블로 캐릭터들이 발전하는 게 눈에 보이니까 행복한 하루하루를 보낼 수 있거든요."

이 말을 하는 태현이의 표정이 참 편안해 보였다. 교실에서 공부할 때는 잘 볼 수 없는 진지한 모습도 눈빛에서 읽을 수 있었다. 아이들에게 공부가 이런 행복을 준다면 얼마나 좋을까.

(5월 10일, 교사 일기)

수학 문제를 하나 더 푼다고 해서 마법 스킬을 익히는 것처럼 수학 능력치가 눈에 보이게 올라갈 수는 없다. 하지만 게임에서는 다르다. 교실에서 엎드려 있던 태현이가 게임에서는 최고 레벨을 자랑하기도 하고, 수학만 보면 골치 아프다고 하는 유찬이가 게임을 할 때 자신의 스킬을 뽐내며 최고로 행복해한다. 아이들이 게임을 할 때만큼 몰입하고 행복하게 공부할 수 있다면 얼마나 좋을까. 물론 허무맹랑한 꿈인지도 모르겠다. 그렇지만 하루하루의 노력이 쌓이고 아이들을 향한 관심이 쌓이다 보면 언젠가는 그런 날도 오지 않을까?

앞서 이야기했듯이 코로나19로 인해 학생들의 교육 격차는 점점 더 커지게 되었다. 이 과정에서 가장 소외되고 학교에서 멀어지고 있는 아이들은 바로 기초학력 부진 학생들이 아닐까 싶다. 내가 한 노력이 과연 얼마나 의미가 있는지 알 수는 없다. 그러나 교사로서 살아가는 나의 진심이 아이들의 마음에 가서 닿기를 오늘도 소망해 본다.

5
학습몰입 향상을 위한 협력강사 수업 방안

호민애

호민애

서울사대부중에서 국어를 가르치고 있다. 청소년 비경쟁 독서토론단체 '에르디아'를 운영하면서 비주얼씽킹에 관심을 가지게 되었고, 이후 비주얼리터러시연구소 교사연구모임을 운영하면서 시각적 사고를 활용한 읽기 지도, 비주얼 리터러시를 활용한 교수·학습 방법을 연구하고 있다.

학습몰입 향상을 위한 협력강사 수업 방안

청소년기 학생들은 주변 환경뿐만 아니라 다양한 관계의 상호작용을 통해서 성장한다. 학교라는 공간은 다양한 상호작용을 할 수 있는 곳으로, 학교에서의 상호작용 경험의 폭과 질이 학생의 삶에 크게 영향을 미친다.

코로나19 상황에서 학교라는 공간은 이러한 역할을 제대로 수행할 수 없었다. 교사들이 원격수업 상황에서도 학생들과 상호작용하려고 노력했지만 역부족이었다. 중위권이 사라지거나 학습 격차가 커졌다는 신문 보도나 연구 결과는 이제 새롭지도 않다. 학생들이 교실 수업에서 교사와 또래 학습자와 상호작용을 하면서 자신의 잠재역량을 발달시키고 학습 과정에서 성취감을 느꼈다면, 원격수업 상황에서는 이러한 경험이 적어질 수밖에 없을 것이다.

학생들이 학교라는 공간에서 마땅히 누려야 할 다양한 관계의 상호작용은 학생들의 사회적·정서적 경험에도 영향을 미쳤다. 2019년 2학기와 2020년 1학기 사이에 학생들의 사회적·정서적 경험과 학습 패턴이 어떻게 변화했는지를 분석한 성균관대학교 배상훈 교수의 연구를 보면 학생들의 변화 양상을 구체적으로 알 수 있다. 연구 결과에 따르면 코로나19를 전후로 사회적·정서적 발달 요인인 활동 지향성, 역경에 대한 극복 의지, 어른들과의 심리적 친밀감, 삶에 대한 긍정적인 태도 모두가 하락했다. 특히 중학생 단계에서는 삶에 대한 긍정적인 태도가 대폭 감소했다고 한다. 여기에는 학생들이 사회 공동체에서 긍정적인 정서를 얻을 수 있는 활동이 줄어든 것이 크게 영향을 미쳤다고 보인다.

코로나19 상황과 학습몰입

자유롭게 외출도 할 수 없고 학교도 갈 수 없는 상황에서 학업이라는 의무만 남은 학생들은 2020년 1학기를 어떻게 기억할까? 2020년 2학기를 앞둔 시점에서 1학기 자신의 모습을 사진으로 비유하여 표현하도록 했다.

학생들이 표현한 자신의 1학기 모습

1학기 때 나는 이 사진처럼 답답했다.	나는 너무 게을러서 나무늘보를 선택했다.	나는 이 뚱뚱한 강아지처럼 맨날 온라인 수업만 끝나면 바닥에 누워서 아무것도 안 하고 시간만 날렸다.

나무늘보는 행동을 느릿느릿하게 한다. 나무늘보가 느리게 움직이는 것처럼 과제를 빨리 안 하고 게으름 피우면서 했다.	판다는 매일 온종일 늘어져 대나무만 씹어 먹으며 놀고, 나도 과제를 해야 하지만 그냥 늘어져 놀며 간식을 씹어 먹기 때문이다.	파도의 세기가 일정한 게 아닌 것처럼 나의 집중력도 어떨 땐 번쩍했다가 어떨 땐 집중을 아예 못 했다.

등교할 때보다 더 많이 놀고 게을러졌다. 그래서 과제를 할 때 막히는 부분이 있었는데, 그때 느낌이 비 오듯이 막막하고 힘들었다.	이렇게 수업한 것은 처음이라 눈앞이 깜깜했다.	1학기의 나의 복잡하고 힘든 모습을 표현한 사진이다.

안타깝게도 학생들은 학습 과정에서 만족감을 느끼지 못했고, 자신의 학업 수행에 대해 낮은 자긍심을 갖고 있었다. 심지어 1학기 동안 열심히 수업에 참여한 학생들조차도 자신을 매우 무능력하다고 인식하고 있었다. 초등학교를 졸업하고 중학교 수업에 적응하는 일도 어려운데, 난생처음 원격수업을 받으니 혼란스럽고 정신이 없었을 것이다. 이런 상황에서 교사에게 주로 받은 피드백은 '무얼 안 했다, 빨리 출석 체크해라, 과제 제출해라'가 대부분이었으니, 자신이 무언가 잘못하고 있다는 생각이 자리 잡을 수밖에 없었을 것이다. 열심히 하고 싶은 마음이 커도 중학생이 집에서 종일 규칙적인 생활을 하며 자기주도학습을 한

다는 것은 여간 어려운 일이 아니다. 점점 규칙적인 생활도 어려워지고 과제에 대한 포기도 빨라졌으리라. 학생들의 글을 보면서 안타까운 마음이 들었다.

그러나 2학기가 되고도 등교는 자유롭게 할 수 없었다. 이렇게 원격 수업이 장기화하자 학생들의 교실수업 모습도 변하기 시작했다. 원격 수업에서 영상만 시청하던 수동적인 수업 태도가 익숙해졌는지 가만히 있는 경우가 많아졌다. 활동을 시작해도 집중하는 데까지 시간도 점점 오래 걸렸다. 코로나19로 인해 학생들이 진정으로 잃어버린 것은 '학습 과정에서 인지적 즐거움을 느끼고 완전히 빠져드는 경험'이 아닐까 생각해 본다.

몰입은 칙센트미하이(Csikszentmihalyi)가 제시한 개념으로 개인이 활동 그 자체 외에는 모든 것을 잊어버릴 정도로 어떤 것에 완전히 빠져드는 때 나타나는 주관적 심리 상태이다. '학습몰입'은 몰입을 학습 상황에 적용한 것으로, 학습 상황에서 즐거움을 느끼고 적극적인 학습 활동을 가능하게 하는 심리적인 특성이다. 칙센트미하이가 사용한 몰입 경험 조사지의 내용 범주를 보면 몰입 경험의 특성을 더 구체적으로 파악할 수 있다.

칙센트미하이의 몰입 경험 표집 방법 검사지 내용 범주[1]

범주	경험의 질적 특성
자긍심	타인과 자신의 기대에 대한 부응, 자신에게 느끼는 좋은 감정, 현재 활동에 대한 성공감, 상황에 대한 통제력

1 임현화(2010), 〈수업에 몰입하는 아동의 경험과 교사의 수업행동 특성에 관한 연구: 초등 과학수업을 중심으로〉, 이화여자대학교 박사학위논문, 11쪽에서 재인용.

좋은 정서	행복감, 편안함, 사회적, 자랑스러움
의욕	내재적 의욕(즐거움, 흥미, 도전 의식), 외재적 의욕(미래를 위한 것, 부모의 기대), 사회적 의욕(동료에게 깊은 인상을 주는 것, 남보다 잘하는 것, 남들에게 존경받는 것)
잠재력	강인함, 능동적, 흥분

이러한 학습몰입 경험은 청소년들에게 매우 중요하다. 청소년기에서 어른으로 진입할 때 필요한 가치관 형성에 매우 큰 영향을 미치기 때문이다. 어려운 과제에 도전하며 몰입감을 경험한 학생들은 전반적으로 의욕적이고 자신에 대한 자부심과 미래에 대한 긍정적인 가치관을 지니게 되지만, 학습몰입 경험이 부족한 학생들은 전반적으로 무기력함을 느끼고 학습에 대한 지속력이 떨어진다고 한다. 신정순은 청소년기에 학습몰입의 경험이 부족할 경우, 자기 자신에 대해 낮은 자긍심과 무가치·무력감을 호소하며 인생이나 삶에 대한 전망과 가능성에 대해 회의적인 태도를 보이고 절망감을 가질 수 있다고 했다.[2]

학생들에게 학습몰입의 경험을 다시 돌려주지 않는다면 코로나19 상황에서 원격수업으로 인해 느꼈던 좌절감, 낮은 자긍심과 부정적인 태도를 지닌 채 학습을 이어갈 것이다. 어떻게 하면 학생들이 학습 과정을 더 즐겁게 느끼고 적극적으로 참여하고 싶은 욕구를 발생시켜 학습몰입을 경험할 수 있도록 할까? 쉽게 풀리지 않는 숙제가 앞에 놓여 있었다.

2 신정순(2006), 〈학습몰입, 자기조절학습과 학업성취와의 관계연구〉, 경희대학교 교육대학원 석사학위논문.

학습몰입 향상을 위한 교사의 역할

학생들의 학습몰입은 개인의 신념과 의지도 중요하지만, 교사의 적절한 상호작용과 신뢰감, 교수 방법으로 학습몰입의 경험을 유도할 수도 있다. 김희정의 연구[3]에 따르면 교사가 학생들이 성취하고자 하는 목표를 달성할 수 있도록 격려해 주고 존중해 주며 학습을 지속해서 유지할 수 있도록 학습자의 관심과 반응의 수준에 초점을 두면 학생들은 이러한 교사를 긍정적으로 인지하고 학습 동기 수준이 높아지는 것은 물론 학습몰입 수준도 향상된다고 한다.

특성화고등학교 학생들을 대상으로 연구한 정주헌의 연구[4]에서도 교사의 사회적 지지와 학생들의 수업몰입은 높은 상관관계를 보여준다. 따라서 학생들과 교사의 상호작용을 높이는 것은 학습몰입 수준을 높이는 데 도움을 준다.

학습몰입을 잃어버린 학생들에게 필요한 것은 바로 교사와의 상호작용이었다. 교사와 학생의 상호작용이 구체적으로 어떤 내용을 담고 있어야 하는지는 '사회적 지지'의 구성 요인을 살펴보면 그 답을 찾을 수 있다. 사회적 지지는 사회적 관계를 통해 개인이 타인으로부터 얻을 수 있는 긍정적인 자원을 의미하는 것으로, 교사의 사회적 지지 구성 요인을 정리하면 다음과 같다.

3 김희정(2012), 〈교사-학생 관계 및 학습동기와 학습몰입 간의 구조적 관계〉, 숙명여자대학교 박사학위논문.

4 정주헌(2015), 〈특성화고등학교 학생의 수업몰입과 교사의 사회적 지지의 관계〉, 충남대학교 교육대학원 석사학위논문.

교사의 사회적 지지 구성 요인 (정주헌, 2015)

하위 요인	설명
정서적 지지 (emotional support)	학생이 교사로부터 제공받을 수 있는 존중, 애정, 신뢰, 관심, 경청의 행위를 포함한다.
평가적 지지 (appraisal support)	교사로부터의 칭찬이나 인정 등 자신을 평가해 주는 교사의 태도와 행위를 포함한다.
정보적 지지 (informational support)	학생 개인적 문제에 대처하고 사건의 해결과 관계되어 교사로부터 제공받는 정보나 지식 등을 포함한다.
도구적 지지 (Instrumental support)	일을 대신해 주거나 물건, 시간, 음식, 생활용품 등을 제공받는 등 도움이 필요한 경우 직접적으로 돕는 행위를 포함한다.

이러한 사회적 지지 구성 요인을 바탕으로 교과교사와 협력강사는 협력을 통해 학생에게 적절한 피드백을 제공해 줄 수 있을 것이다.

학생들의 학습몰입과 교사의 역할을 정리하면 아래 표와 같다. 이 표에서 보는 것처럼 교사의 사회적 지지는 학습몰입에 직접적인 영향을 미치기도 하고 학습몰입을 위한 개인의 심리적 요인에도 영향을 주어 궁극적으로 학습몰입 수준 향상에 도움을 준다고 볼 수 있다.

교사의 사회적 지지와 학생의 심리적 요인, 학습몰입과의 관계

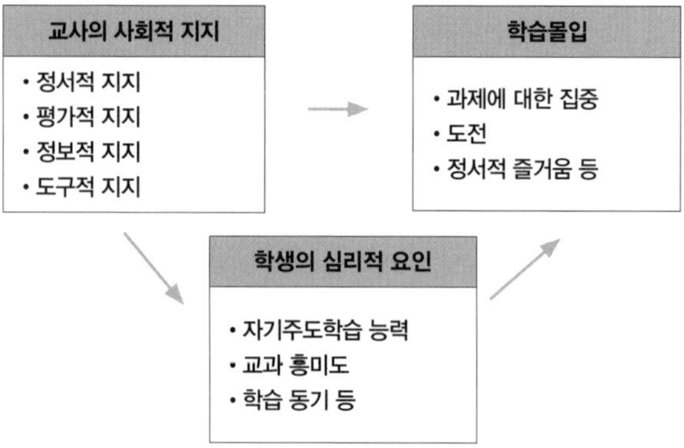

중등 기본학력 협력강사를 신청한 이유

원격수업 상황에서 학생과 교사는 고립감을 느꼈다. 상호작용을 높이려는 여러 시도가 있었지만, 원격수업 상황에서는 어쩔 수 없이 '지연된 의사소통'이 존재했다. 학생들과 상호작용을 높이기 위해 실시간 쌍방향 수업으로 전환했지만 이것도 역부족일 때가 많았다. 한 명의 교사가 학생 30여 명과 실시간으로 상호작용을 하기에는 시간도 부족했고 학생들의 격차가 너무 컸다. 교실 수업에서도 학생의 변화를 점점 느낄 때 서울시교육청의 '중등 기본학력 협력강사' 제도 소식이 들려왔다.

방송을 통해 한 교실에서 두 명의 교사가 협력하는 외국의 수업 사례 영상을 본 적이 있기에 협력강사 제도를 유심히 살펴보았다. 서울특별시교육청의 '중등 기본학력 협력강사' 제도는 정규 교육과정 중에 운영되는 것이 가장 큰 특징이었다. 별도로 진행되는 수업에서 오는 낙인효과를 해소하기 위한 장치로 보였다. 수업의 형태는 교과교사가 주도하고 협력강사가 지원하는 방식으로 진행이 되어 학급과 학생의 상황에 따라 다양한 방법을 적용할 수 있을 것 같았다.

협력강사 제도를 신청하게 된 가장 큰 이유는 학습몰입 격차가 커진 과밀 학급을 지도하기 때문이다. 조금만 도와주면 학습몰입의 수준이 향상될 수 있는 학생들이 많지만, 교사 혼자로는 전부를 감당하기가 어렵다. 도움이 필요한 학생의 피드백을 지연하는 순간, 그 학생은 수업에서 이탈했다. 현재 담당하고 있는 학급의 인원은 30여 명이다. 혼자서 30여 명의 학생에게 동시에 피드백을 준다는 것은 물리적으로 불가능한 일이다.

두 번째 이유는 수업 방법과 내용 때문이었다. 1학기에는 100% 수행평가로 프로젝트 수업을 진행한다. 프로젝트 수업은 학생들의 적극적인 참여가 없다면 형식적인 활동만 남을 뿐이다. 매체 단원과 관련된 발표 프로젝트, 소설 단원과 관련된 소설 쓰기 프로젝트 수업이 제대로 진행되기 위해서는 학생들의 학습몰입 수준을 높이는 것이 관건인 셈이다. 또한 2학기에 진행하는 표준발음법, 훈민정음 제자 원리 등의 교과 내용은 많은 학생들이 어려워하며 포기하기가 쉬워, 수업 중 개별지도와 방과후 연계지도까지 필요한 상황이다.

이러한 이유로 협력강사 제도에 지원했지만 아쉬운 점이 있었다. 한 명의 협력강사가 맡을 수 있는 수업 시수가 제한되어 있었기 때문이다. 전일제 형태도 아닌데 시수 제한까지 있으니 협력의 방식이 제한적일 수밖에 없었다. 결국 담당 부서와 상의 끝에 두 명의 강사를 배치하고, 강사마다 9시수를 배정하기로 했다. 그러나 더 큰 어려움이 있었으니, 협력강사 구인이었다. 담당 부서에서 구인 공고를 냈지만 지원자가 많지 않았다.

협력강사 제도의 안정적인 구축을 위해서는 우수한 인력들이 안정적으로 근무할 수 있는 제도 마련이 무엇보다도 시급하다는 것을 깨달았다. 다행히 두 명의 협력강사와 인연이 되어 4월부터 국어 수업에서 협력강사 제도를 시행할 수 있었다.

학습몰입을 향상하기 위한 협력수업 적용 방안과 실제

오른쪽 표는 프로젝트 수업에서 교과교사와 협력강사의 수업 모형을 제시한 것이다. 이것은 프로젝트 수업에서 학습몰입 향상을 위해 교과

학습몰입 향상을 위한 프로젝트 협력수업 모형

과정	① 도입, 활동 안내	② 활동 수행	③ 피드백	④ 정리
교과 교사	• 자료 제시 및 시범 • 회상, 사고 촉진을 위한 발문	• 자료 제시 및 시범의 개별화 진행 • 활동 구조화 및 자율성 부여 • 수행 절차를 돕는 발문 • 기초학력 부진 학생 개별지도 (정보적 지지 중심으로)	성찰을 돕는 피드백 제공	새로운 탐구 과정으로 연결하는 발문
협력 강사	〈도구적 지지〉 수업 활동을 위한 물품 제공 〈정서적 지지〉 개별 학생에 대한 관심	〈정보적 지지〉 수행 과정에서 어려움을 겪는 학생들에게 개별 수행에 필요한 정보 제공 〈정서적 지지〉 수업 몰입도가 떨어지는 학생들, 기초학력 부진 학생에게 존중, 관심 제공 〈평가적 지지〉 개별 학생들에 대한 긍정적 평가 제공	개별 학습자 중심으로 정보적, 평가적 지지	개별지도가 필요한 학생 선별 및 교과교사와 협력지도

교사가 수행해야 하는 행동과 협력강사가 줄 수 있는 사회적 지지를 이론적 탐구를 통해서 도출한 것이다. 교과교사는 발문과 전체 구두 피드백 활동을 중심으로 수업을 진행하면서, 활동 수행을 할 때는 학생들의 수행 절차를 돕는다. 협력강사는 활동을 수행할 때 도움이 필요한 학생 중심으로 사회적 지지를 제공하는 역할을 한다.

그러나 학생들의 학습몰입 수준 향상을 위한 사회적 지지는 협력강사만의 역할이 아니고 교과교사와 협력강사 모두 수행한다. 특히 학습몰입도가 현저히 떨어지는 학생이나 기초학력 부진 학생에게는 교과교사와 협력강사가 협의하여 지도한다. 예를 들어, 협력강사가 정서적 지지 중심으로 학생의 수업 참여를 격려하고 교과교사는 원인을 파악하고 필요한 지원을 제공하는 방식이다.

협력수업에서 가장 중요한 것은 교과교사와 협력강사의 협의 과정이다. 사전에 교과교사는 수업의 방향과 평가 계획을 협력강사에게 공유하여 협력강사가 수업의 과정 및 평가를 이해할 수 있게 도와야 한다. 협력강사는 수업의 진행 과정에서 학생들이 어려워했던 부분을 공유하면서 수업 설계에 도움을 줄 수도 있다.

또한 학생에 대한 정보를 공유하여 사회적 지지의 방향성을 결정한다. 학생이 수행 과정에 어떤 어려움을 겪는지, 수행 수준이 어떠한지, 사회적 지지에 어떠한 반응을 보이는지 등을 중심으로 논의한다. 이때 정보는 교과교사가 협력강사에게 일방적으로 전달하는 것이 아니라 상호 관찰한 내용을 공유해야 한다. 특히 교과교사가 관찰하지 못한 학생들의 상황이나 반응이 공유된다면 학생들을 더 적극적으로 지원할 수 있을 것이다.

이렇게 교과교사와 협력강사의 협력을 위해서는 가능하면 고정된 시간을 정해서 협의회를 갖고 그 외에도 수업 중이나 직후에 수시로 협의하는 것이 매우 필요하다.

교과교사와 협력강사의 협의회

중학교 2학년 학생들과 '매체' 단원과 관련하여 신문을 읽고 관심 있는 사회문제를 찾는 프로젝트 활동을 하고 있다. 프로젝트 수업은 학생의 자발성과 탐구심을 전제로 하기에 학생들의 학습몰입 격차는 바로 수행 수준과 진행에 영향을 미친다. 강의식 수업에서도 협력수업이 필요하지만 이렇게 학생의 참여를 전제로 한 수업의 경우 학생이 활동하지 않으면 수업 진행이 되지 않기 때문에 협력수업이 절대적으로 필요하다.

수업 전 협력강사는 수업을 위한 재료를 준비한다. 학생들에게 필요한 수업 도구를 배포하고 학생들이 수업에 집중할 수 있도록 주변 환경이 산만한 학생들의 환경 정비를 돕는다. 신문을 준비하지 못한 학생이 있다면 신문을 준비할 수 있도록 안내도 하고, 비주얼씽킹에 필요한 재료를 배부하면서 개별 학생들에게 정서적 지지까지 제공하여 공감대를 형성한다.

수업이 시작되면 교과교사는 수업 활동의 방향을 제시하고 신문을 제대로 읽기 위한 전략 등을 안내한다. 이렇게 활동을 안내할 때 집중하지 못하는 학생이 있다면 협력강사가 정서적 지지를 주면서 수업에 집중할 수 있도록 돕는다.

활동 수행 단계에서 교과교사는 학생들이 활동을 제대로 할 수 있는지 질문을 하고 학생들이 어려워하는 부분을 중심으로 활동을 안내한다. 학생들이 개별적으로 신문을 읽고 비주얼씽킹 활동을 하는 수행 단계로 진입하면 교과교사와 협력강사는 교실을 순회하면서 어려움을 겪고 있는 학생들에게 개별 피드백을 제공한다. 중심 문장을 제대로 찾고 있는지, 중심 내용을 파악하고 있는지, 비주얼씽킹으로 시각화하면서

원격수업 중 소회의실을 활용한 협력수업

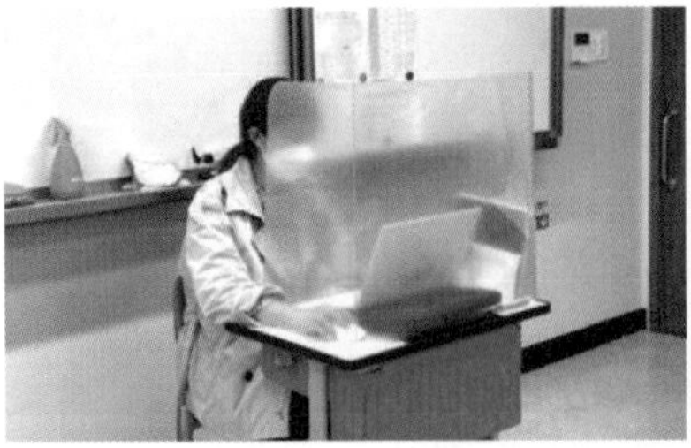

개별 피드백 활동

이해를 깊이 하고 있는지 등을 관찰한다. 어느 정도 스스로 읽기가 가능한 학생들에게는 정보적 지지와 평가적 지지 중심으로 제공하여 과제를 완수할 수 있도록 돕는다.

집중적인 안내가 필요한 학생이 눈에 띄면 교과교사와 협력강사는 힘을 합친다. 교과교사가 먼저 학생이 활동을 수행하지 못하는 이유를 파악하고, 협력강사에게 제공해야 할 피드백 내용이 무엇인지 안내한다. 만약 10분 이상의 개별지도가 필요하다면 별도의 자리를 마련하여 이동하게 한다. 학생은 교실 내에서 별도로 마련된 자리로 이동하여 협력강사와 함께 수행의 어려움을 극복해 나가고 완료가 되면 다시 원래 자리로 돌아와 수행 과정을 지속해 나간다.

피드백 단계에서 교과교사는 수업 중에 학생들이 잘한 점, 수정할 점

협력강사의 정보적 지지 활동

방과후 개별지도

을 명시하고 개인 수행의 수준을 높일 수 있도록 안내한다. 이때 교사의 전체 피드백 내용에 대해서 질문을 하는 학생이 있다면 협력강사가 정보적 지지나 평가적 지지를 제공한다.

마지막 수업 정리 단계에서 수업 중 개별지도로는 어려운 학생에 대한 정보를 교과교사와 협력강사가 공유하여 방과후 지도 계획을 세우기도 한다.

협력수업은 계속되어야 한다

신문 읽기 활동 전 교과서 지문을 활용하여 학생들이 어떻게 읽고 요약해야 하는지, 어떻게 시각화해야 하는지 안내하는 수업을 진행했다. 학생 대부분은 작년에 배웠던 요약을 떠올리며 중심 문장을 찾고 비주얼 씽킹을 해나가면서 글을 이해해 나갔다.

두 시간 정도 활동을 진행하고 마무리를 하는 지점에서 수행 결과물이 없는 두 명의 학생이 관찰되었다. 학생들이 두 시간 동안 가만히 있었던 것은 아니었지만 이전 수업에서 했던 수행 결과물을 잃어버렸으니 무엇을 해야 할지 막막해하고 있었다. 그런데 학생과 이야기를 나누어보니 중심 문장 찾기부터 활동을 진행해야 할 상황이었다. 다음 활동으로 단계가 진행되어야 하는데 두 명의 학생이 수업 준비가 되어 있지 않으니 난감했다. 그래서 두 명의 학생들은 협력강사와 별도로 수업을 진행하고 전체 학생들과는 수행 수준을 높일 수 있는 피드백 활동을 진행했다.

한 시간 안에 마무리가 안 된 학생 두 명은 방과후에 남았다. 그런데 방과후에 남아서 90분 정도를 움직이지도 않고 몰입하며 비주얼씽킹을 완료했다. 햇수로 2년째 보는 학생들이었는데 이렇게 몰입하는 것을 그 이전에는 본 적이 없었다. 어려운 과제를 극복하고 학습몰입을 경험한 학생들의 얼굴에는 환한 미소가 가득했다. 비주얼씽킹으로 요약한 결과물도 훌륭했다. 만약 협력수업으로 진행하지 않았다면 학생들은 자신의 속도에 맞춰 활동하지 못하고 가만히 앉아서 하는 시늉만 했을지도 모른다. 협력수업이었기 때문에 교과교사도 학생들을 더 자세히 관찰할 수 있었고 개별 피드백을 줄 수도 있었다.

학생들이 협력수업을 받은 지 3개월 정도 되었을 때, 협력강사 선생님께 도움을 받은 경험을 적어보게 했다. 학생들이 적은 문장들은 짧았지만 읽다 보니 가슴이 뭉클해졌다.

- 내가 모르는 것을 물어보려고 손을 들고 있었는데 협력강사 선생님께서 내가 손을 든 것을 보고 바로 달려와 모르는 것을 알려주셨다.
- 원격수업을 할 때 어디로 들어가야 하는지 모를 때 도움을 주셨다.
- 비주얼씽킹을 할 때 모르는 내용이 있었는데 선생님께서 알려주셔서 해결했다.
- 협력강사님이 프린트가 없는 친구들에게 수업에 필요한 자료를 나누어 주셨다.
- 국어 신문을 비주얼씽킹으로 표현할 때 신문을 프린트해 주셨다.
- 어떻게 과제를 해야 할지 모르고 있었는데, 협력강사 선생님께서 친절하게 알려주셔서 과제를 쉽게 수행할 수 있었다.
- 선생님이 과제에 대한 예를 보여주셔서 뭘 해야 하는지 알게 되었다.
- 국어 시간에 선생님께서 설명하신 것에 대한 보충 설명을 해주셨다.
- 이해가 안 되는 활동이 있었는데 잘 알려주셨다.
- 신문 비주얼씽킹 방식을 알려주셔서 쉽게 이해해서 비주얼씽킹을 할 수 있었다.
- 과제를 하다가 막혔을 때 선생님이 소회의실로 불러서 해결해 주셨다.

협력강사는 학생들을 매일 보는 것이 아니라서 공감대 형성이 어려울 때가 많다고 한다. 그렇지만 학생에게 도움을 주었을 때 수업에 몰입해 가는 모습을 보면 그 순간이 너무 좋다고 했다. '내가 학생들에게 도움이 되고 있구나!'라는 안도감과 함께 기쁨이 밀려온다고 했다.

코로나19라는 전 세계적인 재난 앞에서 교실 수업에서 이루어졌던 당연한 일상들이 학생들에게 얼마나 소중한 것인지 발견할 수 있었다.

코로나19로 인해 학생들이 누리지 못했던 당연한 일상들, 그리고 그로 인해 잃어버렸던 학습몰입을 되찾기 위해 다각도의 노력이 필요하다. 중등 협력강사 제도는 처음 시행되는 제도이기 때문에 당연히 시행착오가 있을 것이다. 그렇지만 교과교사와 협력강사가 뜻을 모아 낯선 길을 걸어간다면 그것이 바로 학생들을 살리는 지름길이 될 것이라고 믿는다.

6
소통으로 공감받고 성장하는 아이들

박윤지

박윤지

2011년 경북 포항시 소재 초등학교에서 교직 생활을 시작했다. 포항에서 4년 근무하고 서울사대부초로 옮겨왔다. 더 넓은 곳에서 학생들을 가르쳐보고 싶은 생각에 중국 상하이 소재 재외 한국학교에서 우리 동포 학생들을 3년 동안 가르치고 돌아왔다. 여러 곳에서 다양한 학생들을 만나며 학생이 겪는 관계 속 '소통'의 중요성을 깨달았으며, 중등 2018 개정 중학교 '소통 역량' 교과서를 집필했다. 현재 다양한 교육 분야의 연구에 참여하며 교육 역량을 넓히고자 노력하고 있다.

소통으로 공감받고 성장하는 아이들

교육 현장에서 초등학생을 가르친 지 10년이 넘는 기간 동안 여덟 살 1학년 학생부터 사춘기를 앞둔 6학년 학생들까지 수많은 아이를 만났다. 지방에서, 상하이 재외 한국학교에서, 현재 근무하는 서울사대부초까지 이곳저곳 옮겨다니며 참 다양한 학생들을 만났지만, 어느 곳에서 어떤 학생들을 만나든지 매년 깨닫는 바가 있다. 바로 부모, 교사, 또래와 겪는 '소통'이 학생에게 미치는 영향은 지대하며, 학생 개개인이 겪는 소통의 격차는 곧 그들의 성장 및 발달의 격차와 직결된다는 것이다.

여기서 '소통'이라 함은 단순한 대화를 넘어 상대방에 대한 존중과 신뢰를 바탕으로 자기 생각과 느낌을 솔직하게 말하고 상대방의 말에 경청하는 것으로 제한하여 정의한다. 대체로 부모, 교사 혹은 또래 친구들과 이상적이고 원만한 소통의 과정을 겪는 아이는 그렇지 않은 아이에 비해 긍정적인 자아 발달 과정을 거치게 되어 자아존중감, 자아효능감[1], 회복탄력성[2] 등이 높고 정서적 안정감을 보이는 것을 경험했다.

학생 개개인이 부모, 교사, 또래와 이상적으로 소통하면 건강한 자아를 가진 학생으로 거듭난다는 신념을 바탕으로, 교육자로서 학생 개인마다 차이를 보이는 소통의 격차를 줄이고자 학교 현장에서 노력해 왔다. 이번 연구를 통해 원만하고 이상적인 소통의 필요성과 소통의 격차가 불러오는 결과에 대해 논하고, 이런 격차를 줄이는 일을 구체적으로 실천해 보고자 했다.

교사, 부모, 또래와의 소통

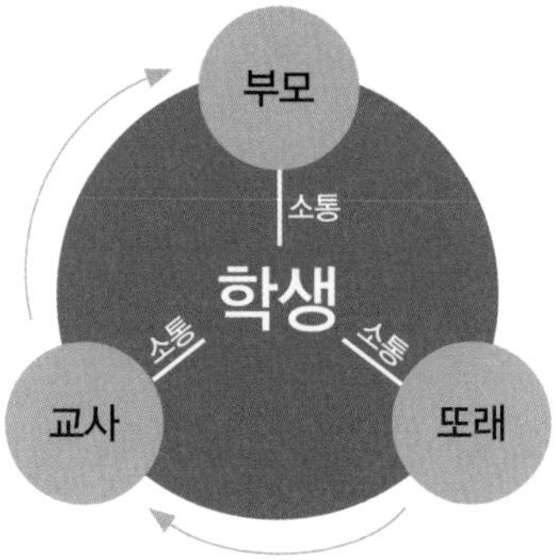

동수의 변화

담임을 맡았던 6학년 아이들의 졸업식 날, 마지막 작별 인사를 앞두고 동수가 멋쩍게 다가와서 편지를 건넸다. 전교에서 동수라면 모르는 선생님이 없을 정도로 말썽꾸러기로 유명한 아이였다. 공책 한 장 쭉 찢

1 자아효능감: 미국의 심리학자 Albert Bandura는 자아효능감이란 어떠한 과제를 성공적으로 조작하고 실행하는 자신의 능력을 지각하는 특성이라고 정의했다. 즉 어떤 일을 잘 해낼 수 있다는 개인적 신념을 의미한다.

2 회복탄력성: 실패나 부정적인 상황을 극복하고 원래의 안정된 심리적 상태를 되찾는 성질이나 능력을 일컫는다.

어 개발새발 글씨로 쓴 편지였지만 내용은 교직 생활 막 10년 차를 앞둔 내가 여태껏 받은 그 어떤 편지보다 큰 기쁨과 감동을 주었다.

> 선생님은 초등학교에 다니는 6년간 유일하게 저를 믿어주는 분이었습니다. 저처럼 대역죄인 같은 말썽꾸러기의 말도 끝까지 기다려주시고 들어주셨어요. 자주 저를 불러서 이런저런 얘기를 물어보실 때마다 귀찮은 척했지만, 너무 좋았어요. 선생님 덕분에 저도 잘하는 게 있다는 걸 알게 됐어요. 선생님 죄송합니다. 그리고 감사합니다. 이제 저는 졸업하니 선생님 마음 놓고 푹 쉬세요. 언젠가 꼭 뵙고 싶습니다. 선생님 정말 감사합니다.

숙제도 준비물도 챙겨 온 적이 없던 아이, 교내외 크고 작은 문제의 중심에 있던 아이. 이런 동수에게서 직접 쓴 감사의 편지를 받을 수 있었던 건 바로 끈질긴 관심과 소통 덕분이었다. 학교나 가정에서 공감이나 인정을 받아본 경험이 거의 없으며, 부모님이나 선생님께 듣는 이야기는 대부분이 훈계와 질책이었던 아이. 그런 동수의 행동을 지금 바로 교정하기보다는 우선 라포르를 형성해야겠다고 생각했고, 그러기 위해선 끊임없이 동수와 소통해야겠다고 생각했다. 처음엔 대화로, 점차 마음으로 소통하기를 바랐다. 첫 몇 달만 해도 동수는 교사인 나와 눈을 맞추기도 어려워했다. 대화는 나의 일방적인 물음과 동수의 단답으로 끝나기가 일쑤였지만 틈만 나면 동수에게 말을 걸고 소통하고자 시도했다.

"나는 네 맘 다 알아. 하고 싶은데 잘 안 되는 거잖아."

"어젠 뭐 했어? 선생님은 어제 한강 다녀왔는데."

"너 이거 너무 잘한다. 소질 있는 것 같아. 동수가 친구들 좀 도와줘."

생전 처음 받아보는 관심과 칭찬에 동수는 무척 낯설고 멋쩍어 했다. 동수가 칭찬이라는 걸 받으니, 주변 다른 아이들도 덩달아 낯설어 했다. 그러나 시간이 지나자 동수도, 주변 친구들도, 동수의 부모님도 변했다. 생전 처음으로 숙제를 하기 시작했고, 수업 태도도 달라졌다. 잘하는 게 아무것도 없다며 제 입으로 말했던 동수가 자신이 잘하는 컴퓨터를 친구들에게 알려주고, 심지어 2학기에는 반장 선거에도 출마했다.

그때부터는 소통이 일방적이지 않았다. 나를 찾아와 이런저런 이야기를 늘어놓고 장난도 칠 줄 알았다. 눈도 마주치게 되었고 배시시 웃기도 했다. 선생님들도 동수가 달라졌다고 놀라워했다. 동수 문제로 상담을 요청할 때면 무관심한 태도를 보이거나 아이에 대한 비난과 학교에 대한 원망만 늘어놓던 부모님도 감사 인사를 덧붙이고 동수에게 더 큰 관심을 가지기 시작했다. 소통의 힘은 대단했다. 한 아이의 전반적인 생활을, 더 멀리 내다본다면 어쩌면 인생을 바꿀 수도 있는 힘이 있다.

왜 소통에 집중해야 하나?

사람은 태어나면서부터 다른 누군가와 필연적으로 관계를 맺게 되고, 그 관계 속에서 경험하는 일련의 과정을 통해서 성장하고 발전한다. 사람이 태어나 가장 먼저 밀접한 관계를 맺는 대상은 부모이며, 특별한 상황을 제외하면 그 둘째는 친구 혹은 교사가 될 것이다. 이들과의 관계가 원만하면 라포르가 잘 형성되었다고 말한다. 라포르는 바람직한 관심과 소통을 바탕으로 형성되는 것으로서, 부모와 자녀 혹은 교사와 학생, 또래 사이에 형성된 라포르는 학생의 올바른 성장과 발달 및 정체감 형성에 무엇보다 중요한 요인으로 작용한다.

그런데 요즘 들어 다양한 원인으로 인해 소통의 기회가 줄어드는 실정에 직면했다. 특히 사춘기에 접어드는 초등학교 고학년 학생일 경우, 시간이 갈수록 부모나 교사와의 소통이 어려울 뿐만 아니라 학업과 교우 관계 등 스트레스 요인은 늘어난다. 이 과정에서 학생들은 자기의 현재 감정을 전달하고 공감받는 데 큰 어려움을 느끼게 되고, 소통의 문도 마음의 문도 닫아버려 갈등을 일으키는 일이 종종 발생한다. 부모와 교사는 그런 아이의 마음을 헤아리기 어려워 잔소리나 비난하는 말을 하기 쉽다.

이와 같은 이유로 가정과 학교에서 학생들 사이에 소통의 격차는 매우 크며, 이는 곧 학생 개개인의 정서 및 행동 양식의 발달 차이에 중요한 변인으로 작용한다. 예를 들어, 학업 성취도가 높더라도 부모 및 교사와의 신뢰를 기반으로 한 소통이 원활하게 이루어지지 않는다면 학생은 정서적 불안정감, 목표에 대한 그릇된 인식, 부정적인 인정 욕구 등이 강해지며, 이는 곧 다른 부정적 결과를 초래할 수 있다.

실제로 같은 해, 같은 학급에서 만난 두 학생의 사례이다. 부모, 교사와 수평적이고 개방적이며 안정된 소통 관계를 유지하는 현진이와 수직적이고 일방적이며 질책과 비난만 오가는 소통 관계를 유지하는 인아 두 학생 모두 성적은 상위권이었다. 학교생활도 모범적이었다. 그러나 학급 회장 선거, 각종 평가, 체육 활동 등에서 똑같은 실패를 경험할 때 두 학생이 받아들이는 태도는 매우 달랐다. 현진이는 좌절하거나 자신감이 떨어지지 않았을 뿐만 아니라, 금세 회복하여 다음에 더 잘하면 된다며 대수롭지 않게 여겼다. 이에 반해 인아는 자기가 겪은 실패에 대해 회고하기보다 당장 부모님께 인정받지 못할 것이 두려워 심리적 불안정 상태를 보였으며, 다음 도전 과제에 부담감을 느끼고 눈물부터 보였다.

두 학생은 비슷한 실패를 경험해도 그것을 받아들이는 방법과 심리 상태는 확연히 달랐다. 이들이 관계 속에서 엮어나가는 소통의 내용과 방식이 달랐기 때문이다. 이러한 심리적 격차는 두 학생이 성장하면서 점차 더 커지지 않을까? 소통의 격차는 왜 발생하며, 소통의 격차는 어떤 결과를 가져올까?

소통 격차를 해소하기 위한 방법 및 결과

대화를 많이 한다고 소통이 잘 되는 것은 아니다. 소통이 서툰 부모나 교사는 대개 자기 의견과 생각을 아이에게 일방적으로 제시하고 그 틀에 맞추기를 강요한다. 아이의 성취 과정보다는 성취 결과를 중시하고, 공감보다는 질책에 가까운 말을 쏟아내고, 다른 누군가와 비교하며 나무라기도 한다. 아이가 원하지 않는 주제를 억지로 꺼내거나 일방적인 질문을 던지기도 한다. 아이 마음에 상처를 주는 말이 불쑥 튀어나와 버린다.

이와 같은 소통 양상은 관계를 악화시키고 아이의 자존감을 떨어뜨리거나 부정적 자아 형성을 촉진하기도 한다. 자아존중감이 낮은 아이의 경우, 부모나 교사의 신뢰를 받지 못하고 그릇된 소통 방식 속에서 내면의 상처를 받는 일이 많다. 이런 아이들은 어른들 얘기를 귀찮은 잔소리로 여겨서 대화를 회피하는 경우가 많다. 결국 어른과의 소통을 부정적으로 인식하고 소통 자체를 꺼리게 된다.

설상가상으로 최근에는 소통을 가로막는 장애물이 추가되었다. 먼저, 스마트 기기 의존도가 높아져서 어른들과 소통의 기회는 점차 줄어들고 있다. 사춘기에 접어들면 자율성과 독립성을 중요하게 생각하다 보니, SNS에서 또래들과 소통하는 건 좋아하지만 어른과 얼굴을 마주하고 대화하는 것은 즐기지 않는다. 더군다나 코로나19 상황을 지나며 등교 횟수가 현저히 줄어들어 대화의 기회 또한 줄어들고 말았다.

그렇다면 교사로서 소통의 한계에 직면했거나 소통의 격차를 경험하는 학생들을 어떻게 효과적으로 지도할 수 있을까? 부모와 자녀, 교사와 학생 사이에 일어나는 소통의 문제를 어떻게 파악하고 접근하여 해결할 수 있을까? 피할 수 없는 외부 환경으로 인한 소통 기회의 상실을 어떻게 극복할 수 있을까? 이에 대한 답을 찾기 위해 현재 담임을 맡은 6학년(남 13명, 여 13명) 아이들을 대상으로 소통 격차 해소를 위해 실천 연구를 진행했다.

실천에서 중점을 두어야 할 부분은 학생을 중심으로 부모, 교사, 또래 각 주체가 반드시 유기적으로 연결되어야 한다는 것이다. 각 주체가 소통의 필요성과 중요성을 인지하고 문제점을 파악할 수 있어야 하며, 진행 과정을 공유하고 의견을 주고받아야 한다. 따라서 사전에 학부모에게 해당 연구에 대한 동의서를 받았으며, 부모와 학생들에게 바람직한 소통의 중요성을 꾸준히 강조했다.

그러나 소통과 관계의 문제는 포괄적이고 장기적인 관점에서 해석되는 것으로 교사가 일방적으로 해결하기에는 어려움이 있다. 연구를 진행하는 몇 달 동안 모든 과정을 거쳐서 결과를 도출하기는 쉽지 않다. 연구 기간에 실천한 내용에만 국한하지 않고, 그간의 교직 경험을 폭넓게 공유하는 데 목적을 둔다.

(1) 문장 완성 검사로 마음 꺼내기

학생들을 대상으로 학기당 2회 실시하기로 한다. 검사 문항의 주요 내용은 크게 이러하다.

첫째, 부모와 학생 간 소통 및 관계에 대한 양상 파악

둘째, 나(교사)와 학생 간 소통 및 관계에 대한 양상 파악

셋째, 학생의 심리 및 정서적 상황 파악

나와 부모님은 (매일 / 자주 / 가끔) 대화를 (한다 / 하지 않는다).

부모님이 내게 (   )라고 얘기해 줄 때 가장 기분이 좋다.

부모님이 내게 (   )라고 얘기해 줄 때 가장 기분이 별로이다.

나는 부모님께 나의 이야기를 (많이 / 잘 / 보통 / 적게) 하는 편이다.

부모님이 나에게 가장 많이 하는 말은 (   )다.

나는 부모님에게 (   )라는 말을 가장 듣고 싶다.

부모님은 나를 (10% / 30% / 50% / 70% / 80% / 100%) 신뢰한다.

그렇게 생각하는 이유는 (   ) 때문이다.

나는 선생님과 대화를 (자주 / 가끔) (하고 싶다 / 하고 싶지 않다).

나는 선생님에게 (   )라는 말을 가장 듣고 싶다.

나는 선생님과의 상담이 (기대된다 / 불편하다 / 그냥 아무 생각 없다).

나는 선생님을 (10% / 30% / 50% / 70% / 80% / 100%) 신뢰한다.

나는 선생님과 (많이 / 보통 / 조금) 가까워지고 싶다.

나에게 가장 힘이 되는 존재는 ( )이다.

현재 나의 가장 큰 행복은 ( )이다.

현재 나의 가장 큰 걱정은 ( )이다.

(이하 생략)

1차 문장 완성 검사 결과 (26명 응답)

부모님께 들었을 때 기분이 좋은 말		부모님께 들었을 때 기분이 좋지 않은 말	
잘했어	52%	넌 왜 그러니?	42%
널 믿어	40%	~해/~해라 (명령)	36%
역시 최고야	6%	공부해/숙제해라	18%
기타(사랑해 등)	2%	기타	4%

부모님이 나(학생)를 100% 신뢰한다고 생각하는 이유

- 항상 나를 믿어주셔서
- 나를 늘 사랑하시니까
- 항상 함께하니까
- 내 말에 귀 기울여 주시기 때문에

부모님이 나(학생)에 대한 신뢰도가 낮다고 생각하는 이유

- 따지듯 물어보실 때가 많아서
- 나를 믿지 못하실 때가 종종 있어서

- 내가 거짓말을 한 적이 있기 때문에
- 나는 아직 어리기 때문에

문장 완성 검사 결과, 학생 대부분이 '부모님과 대화를 매일 혹은 자주 하는 편'이며, 부모님과 대화할 때 느끼는 기분은 '편안하고 즐겁다'는 응답이 대다수였다. 선생님에게서 가장 듣고 싶은 말로도 '잘했어', '할 수 있어'라고 응답한 학생이 과반이었다. 이와 같은 응답 결과로 미루어 보아 학생들은 부모님이나 선생님과 소통할 때 자신에 대한 신뢰, 존중, 인정과 격려 등을 중요하게 생각한다는 것을 알 수 있었다. 그렇다면 제대로 된 소통이 어려운 경우는 이런 가치들이 부족하지 않을까?

(2) 학생 상담으로 마음 열기

학생 상담은 수시 상담을 원칙으로 하지만, 공식적인 개별 상담은 초등 4학년 이상 고학년의 경우 보통 연 4회 이상 계획하여 실시한다. 이외에도 추가로 필요할 경우 '짝 상담, 모둠 상담, 전체 상담'을 진행하는 편이다. 특히 교우 문제로 인한 상담의 경우 모둠 상담, 짝 상담이 유용하다.

코로나19로 인해 교사와 학생 간의 대면 및 대화의 기회가 적어져 상담의 필요성은 더 절실해졌다. 대부분 원격으로 상담을 했는데, 현재 1차 상담까지 진행한 상태이다. 1차 상담의 가장 큰 목적은 학기 초 교사와 학생 간 친밀감과 신뢰를 쌓는 것이다. 학생들은 대부분 교사와의 첫 일대일 개별 상담에 부담을 느끼고 긴장하는 모습을 보였다. 1차 상담 때는 세부적인 내용보다 학생의 관심사를 주제로 대화를 이끌며, 공감의 제스처와 반응으로 상담에 대한 긴장을 풀도록 유도해서 '상담은 어려운 일이 아니며, 교사와 학생 둘이서 나눌 수 있는 특별한 대화의 시간'으로 인식하게끔 했다. 세부적으로 깊이 있는 상담이 필요한 학생의 경우, 문장 완성 검사지와 소통 일기를 통해 접한 내용을 꺼내어 좀 더 자세히 묻거나 심리 상태를 세부적으로 확인했다.

1차 상담은 마무리도 중요하다. 언제든 너(학생)를 위해 마음과 시간이 열려 있으며 대화할 준비가 되어 있다는 점을 인식하도록 이끌어야 한다. 상담 마지막에 "상담 별것 없지?"라고 물었을 때 "네! 또 하고 싶어요." "재밌어요." 등 달라진 반응을 확인할 수 있었다. 상담 직후 어떤 학생은 이렇게 썼다. '속앓이는 그만해야겠다. 든든한 박윤지 선생님이 옆에 계시니 언제든 상담을 요청해야겠다.' 미미하지만 학생들과의 라포르가 형성되기 시작한 것 같다.

(3) 소통 일기로 마음 들여다보기

언젠가부터 고학년 학생들에게 일기는 대부분 의무적으로 해야 하는 일종의 숙제처럼 된 것 같다. 대충 있었던 일만 나열하면 교사가 읽고 간단히 코멘트를 적어준다. 이 일기를 몇 년 전부터 '소통 일기'로 바꾸었다. 일기를 통해 학생들의 일상과 내면, 심리 상태를 자세히 들여다보고 싶었기 때문이다.

'소통 일기'라고 명명한 만큼 일기의 주제도 잘 골라야 한다. 생각이나 감정을 끄집어낼 수 있는 주제나 학교에서 관찰할 수 없는 모습을 들여다볼 수 있는 주제가 좋다. '현재 나의 가장 큰 고민거리와 걱정은?', '나를 행복하게 하는 세 가지와 그 이유는?', '부모님에게서 가장

소통 일기 일부

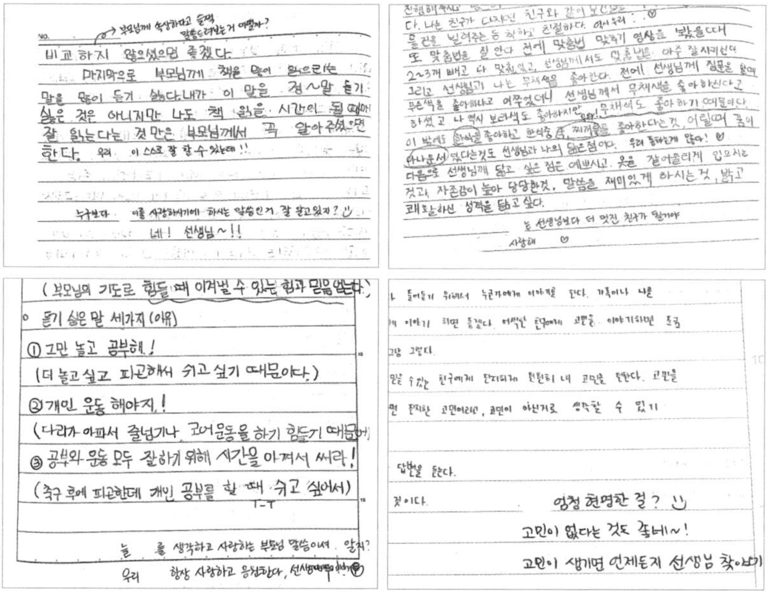

듣고 싶은 말 세 가지와 듣고 싶지 않은 말 세 가지는?', '선생님과 나의 비슷한 점, 닮고 싶은 점은?' 주로 이런 주제였다.

학생들의 소통 일기 내용은 학생이나 학부모 상담 때 활용했으며, 1년간 학생의 정서와 행동 상태를 살피는 자료로도 쓴다. 특히 코로나 19 상황에서 대화의 기회가 현저히 줄어서 소통 일기를 통해 교감하고 소통하는 일은 더욱 큰 의미가 있다.

(4) 자기주도학습 플래너를 활용하여 마음 나누기

본교에서는 전교생이 '자기주도학습 플래너' 교재를 활용하여 학습, 마음, 행동 상태를 스스로 점검하고 기록한다. 일주일 혹은 한 달에 한 번씩 '부모님 생각', '부모님 한 말씀' 칸을 통해 자녀의 학습, 정서, 행

자기주도학습 플래너 내용 및 실제 운영 예시

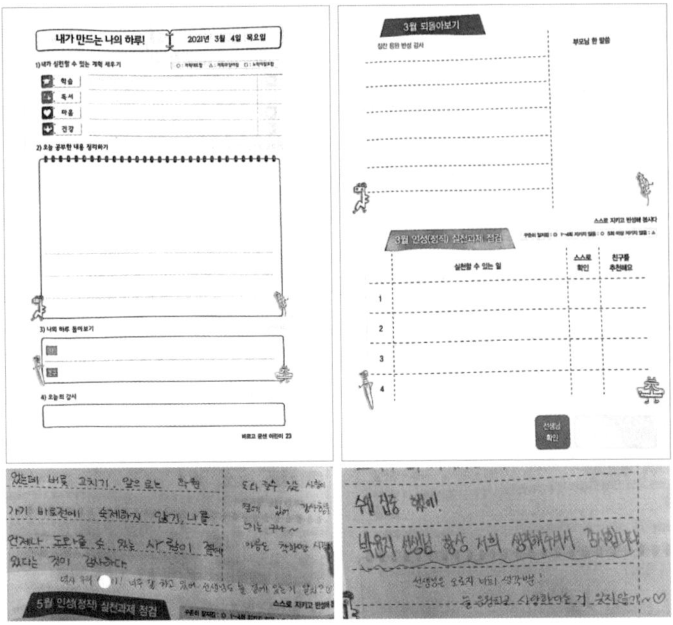

동을 들여다보고 응원과 격려의 글을 써서 소통한다. 교사 또한 플래너를 통해 학생을 점검하고 피드백할 수 있으며, 적절한 응원과 격려를 덧붙이기도 한다. 현재 등교일을 활용하여 매주 확인하고 있다.

(5) 지속적인 학부모 상담으로 마음 잇기

교사의 일방적인 노력만으로 소통의 격차를 해소할 수는 없다. 학생에게 문제 행동이나 심리적 불안감이 있는 경우, 부모와 함께 공유하고 원인을 파악하여 해결할 방안을 같이 모색해야 한다. 한두 번의 상담으로는 만족스러운 결과를 얻을 수 없다. 교사는 학부모에게 교육의 동반자라는 신뢰감을 심어줘야 하며, 소통의 중요성을 인식하도록 이끌어야

학부모와의 원격 만남을 통한 소통

한다. 학생의 사소한 행동에도 관심을 가져 학부모와 공유해야 하는데, 때로는 학부모가 미처 알지 못하는 학생의 특징을 전달하기도 한다.

현재 공식적인 학부모 상담을 1회 진행한 상태이며, 필요할 경우 수시로 개별 상담을 했다. 코로나19로 대면 상담을 진행하지 못하고 있는 데다 원격 혹은 전화 상담으로는 부족하고 아쉬운 부분이 있다. 1학기의 중간 시점에 희망하는 학부모들과 원격에서 다 같이 만났다. 학생들의 1학기 학교생활, 수업 모습, 상담 내용 등을 공유하고, 이후 자유롭게 질의응답을 하며 활발하게 소통했다. 특히 문장 완성 검사지 결과 및 소통 일기 내용을 예시로 들며 소통의 중요성을 강조했다. 학생들은 부모와의 소통에서 인정과 격려의 말을 듣고 싶어 한다는 점을 강조하여, 학부모와 학생 사이에 소통이 더 원활하게 이루어지도록 도왔다.

(6) 소통 기회와 다양한 소통 도구 제공으로 마음 쌓기

스마트 기기 사용 증가로 인한 소통의 부재, 사춘기로 인한 변화 때문에 소통에 어려움을 겪는 부모와 학생들을 위해 다양한 주제를 제시하여 소통 기회를 제공했다. '부모님 인터뷰하기', '부모님과 역할 바꾸어 대화하기', '집안일 분담한 후 소감 나누기' 등을 주제로 활용했다. 코로나19로 재택근무와 원격수업이 늘어 가족이 같은 공간에 머무는 시간이 길어져서 수월하게 진행할 수 있었다. 특히 5월 가정의 달에 진행해서 더 자연스럽고 의미 있는 활동이 될 수 있었다.

때로 자녀와 대화하고 싶은데 어떻게 해야 할지를 모르거나 소통하기를 꺼리는 자녀에게 어떻게 다가가야 할지 고민하는 부모들이 많다. 1차 상담 및 문장 완성 검사지를 통해 부모와의 소통에 어려움을 겪는 학생들이 효율적으로 이용할 수 있도록 '부모-자녀 마음대화 질문카드', '가족 대화놀이 카드' 등을 제공했다.

교사들도 크게 다르지 않다. 학생과의 대화를 어디서부터 어떻게 시작하고 이끌어갈지 모르는 경우도 적지 않다. 그래서 '느낌 보팅판'을 활용하여 감정 교감을 배우고 학생의 감정을 읽어 소통에 활용했다. 또한 '이미지 프리즘 카드', '이유가 있는 음악 신청'을 통해 현재 학생이 가진 생각과 감정을 읽고, 이를 바탕으로 학생 내면을 들여다보고 유의미한 소통을 하고자 했다.

여러 가지 소통 도움 도구 활용

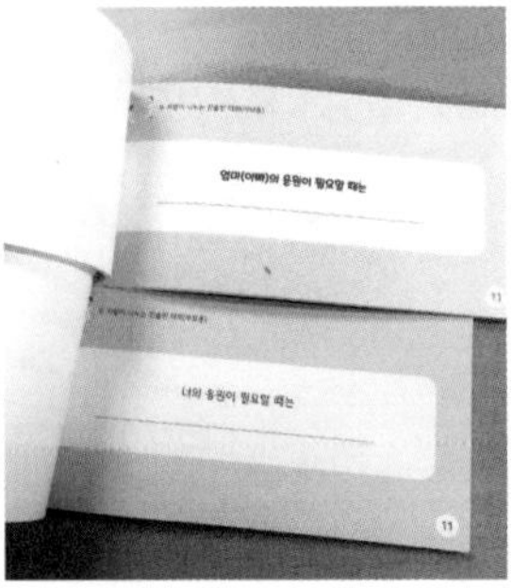

가족 소통 후 느낀 점

- 가족들과 사이가 좀 더 가까워진 것 같았고, 솔직하게 대화하면서 부모님의 마음을 알 수 있어서 좋은 경험이 되었다.
- 어색한 것 같기도 했는데, 하다 보니 서로 잘 맞는 것도 있었다. 가족끼리 소통할 수 있어서 좋았다.
- 평소에도 가족과 많이 소통해서 어색하지는 않았지만, 카드에 적힌 질문은 평소 하던 대화와 다른 이야기여서 가족의 색다른 점을 알 수 있어서 정말 좋았다.
- 솔직하게 대화할 수 있는 기회여서 좋았다.
- 가족들끼리 소통할 수 있는 기회가 되었다.
- 처음에는 어색해서 재미없었는데 하다 보니 재미있었다.
- 가족들과 재밌는 질문도 하고 답도 해보고 굉장히 재미있었다.

(7) Wee클래스 상담 교사와 지속적 공유로 마음 확장하기

부모, 교사, 또래와의 소통을 극히 어려워하는 학생들은 대체로 정서적으로 안정되지 못한 경우가 많다. 이런 학생은 더 전문적인 방법으로 접근할 필요가 있다. 이럴 때는 교내 Wee클래스 선생님과 특정한 학생에 대한 문제를 함께 공유하고 전문적인 도움을 받는 편이다. 심리 검사 결과를 함께 공유하고 학부모와의 상담 결과를 공유하고 피드백하며, 학생을 대하는 방식에 대해 전문적인 자문을 구하기도 한다. 현재 4회에 걸쳐 상담 교사를 만나 학생의 정서적·행동적 안정을 위한 방안을 찾기 위해 노력하고 있다.

앞서 언급한 바와 같이 소통을 통한 라포르 형성, 소통을 통한 학생 성장은 단기간에 이루어질 수 없다. 사실 1년도 짧은 시간일 것이다. 위에 제시한 실천 방안들은 꾸준히 반복해서 실시해야 한다. 부모 혹은 또래 관계에서 원활하고 개방적인 소통을 어려워하는 학생에게 도움의 기회를 제공하고, 교사는 조력자인 동시에 학생과 원활한 소통을 바탕으로 끈끈한 라포르를 형성하는 주체가 되어야 한다.

실제 몇 년 전 맡은 학급에 다소 강압적으로 다그치는 부모와의 소통을 어려워하고 자신을 이해하고 공감해 주지 못하는 부모에 대해 불만이 많은 학생이 있었다. 이러한 상황에 반해 인정 욕구가 강해 부모와 교사에게 모범적인 모습만을 보여야 한다는 강박증이 있는 학생이었으며, 이에 자해까지 시도한 적이 있었다.

그때 나는 학생의 마음에 공감하고 진심으로 터놓고 소통하고자 노력했다. 틈만 나면 사소한 감정이라도 살피려고 노력했다. 학생의 생각과 감정을 부모와 함께 공유하고 학생을 위해 부모가 해야 할 방안을 조력자로서 제시했으며, 부모와 교사가 학생을 위해 할 수 있는 방안을 함께 모색하기도 했다. 교내뿐만 아니라 지역 Wee센터와 연계하여 전문적인 상담을 했고, 몇 차례 집까지 데려다주며 진솔한 대화를 나누었다. 힘들거나 슬픈 생각이 들 때면 시간에 구애받지 말고 언제든지 메시지를 하라며 소통의 기회를 열어주었고, 실제로 그 학생과 며칠간 나눈 메시지가 수십 쪽에 달할 정도였다. 다행히 학생의 상태는 많이 좋아졌으며, 그 부모 역시 노력하는 모습을 보였다. 몇 년이 지난 스승의 날에 해당 학생이 진심을 담아 메시지를 보내왔다.

(앞부분 생략) 그땐 제가 어리기도 했고 너무 제 아픔에만 집중하느라 아무 생각 못 했는데, 그렇게 따로 불러서 신경 써주시고 저녁에도 주말에도 연락받아 주시고, 제자가 아파하는 게 속상하다고 우시는 선생님을 만난 것이 얼마나 행운이고 감사한지 이제야 느꼈네요. 선생님을 만났을 때가 사춘기도 겹치고 나름 가족 문제로도 힘들고 해서 많이 무너졌었는데, 선생님 덕분에 잘 버틸 수 있었던 것 같아요. 몇 년이 지난 지금까지 정말 잊을 수 없고 너무너무 감사합니다.

소통 격차 해소의 열쇠는 결국 이것

소통 방식은 다양하다. 일방적인 소통의 경우, 위에서 아래로 향하는 소통 방식은 지시나 전달이 되기 쉽고, 아래에서 위로 가는 소통 방식은 요구나 불만이 되기 쉽다. 이상적이고 바람직한 소통은 서로를 신뢰하고 이해하는 관계 속에서 수평적으로 이루어지는 방식이어야 한다. 그러기 위해서는 부모와 자녀 관계이든 교사와 학생 관계이든 서로 신뢰와 이해가 바탕이 되어야 한다. 즉 바람직한 소통은 소통의 주체가 서로를 인격적으로 존중하고 쌍방향적 의견 및 감정 교환을 통해 자신의 감정을 솔직하게 표현하고 전달하여 상대를 이해하는 것이라 할 수 있겠다.

앞서 언급한 상담, 소통 일기, 도구 활용 등은 소통을 위한 하나의 방법적 측면이다. 여러 가지 방법들을 활용하기 전에, 또 활용하면서 생각해야 할 것은 결국 소통의 가장 중요한 열쇠는 학생에 관한 관심, 이해, 신뢰를 바탕으로 한 진심과 공감이라는 것이다. 학생에 대한 부모와 교사의 신뢰와 관심, 존중, 인정을 바탕으로 부모와 자녀, 교사와 학생, 부모와 교사가 서로 이해하고 존중하고 꾸준히 관심을 가지고 살필 때 진정한 소통이 가능할 것이다. 교사는 학생과 나누는 소통의 주체자로, 또 학생이 겪는 관계 속 소통의 조력자로서 최선의 역할을 할 때 학생들이 공감하고 성장할 수 있다.

소통에서 가장 중요한 것은 상대방이 말하지 않는 소리를 듣는 것이라고 한다. 학생의 내면과 학생이 겪는 관계 속에서 드러나지 않는 부분까지도 들여다보고 소통이 잘 이루어지지 않는 근본 원인을 찾아 해결하는 것이 중요할 것이다.

이상적이고 원활한 소통을 위한, 소통 격차를 해소하기 위한 나의 과정은 아직 끝나지 않았다. 해당 연구가 종료된 후에도, 아니 교직 생활을 하며 아이들을 만나는 동안 끊임없이 연구하고 노력할 것이다.

7
회복적 생활교육으로 자존감 기르기

박경천

박경천

서울사대부여중에서 도덕 교사로 근무하고 있으며, 2018년부터 회복적 생활교육의 철학으로 학생들을 만나고 있다.

회복적 생활교육으로 자존감 기르기

나는 교직에 들어서서 처음 6년간 고등학생을 가르쳤고 그 후로는 주로 중학생을 가르쳤다. 해마다 담임교사를 자원하는데, 때로는 힘들기도 하지만 그보다는 오히려 담임으로서의 즐거움과 보람이 더 크다. 2018년에 회복적 생활교육을 접하고 그 이후로 '마음을 연결하여 함께 즐겁게 성장하기'가 나의 소중한 교육철학이 되었다. 특히 코로나19로 인해 커진 교육 격차의 문제를 회복적 생활교육 철학의 관점에서 바라보면서, 사춘기의 정점에 있는 중2 학생들과 함께 해결 방안을 탐색하는 중이다.

교실에는 늘 다양한 모습의 학생들이 존재한다. 그 학생들 속으로 성큼 걸어 들어가 그들을 찬찬히 살펴보았다. 그러면서 교육 격차가 왜 발생하는지 그 원인에 초점을 맞추어 관찰하고, 자존감을 키워주는 프로그램을 적용하여 격차 문제를 해결해 보고자 했다.

회복적 생활교육과 교육 격차 해소

나는 교직 경력이 늘어날수록 '어떤 교사가 되면 좋을까?'라는 고민을 많이 했다. 그러던 중 회복적 생활교육을 만났다. 회복적 생활교육의 철학은 내가 평소에 추구하던 방향과 통했기에 매우 반가웠다. '회복적 생활교육'은 교육 현장에서 놓치기 쉬운 '관계 맺기, 평화적으로 갈등 해결하기, 서로를 연결하는 대화 방법' 등을 배우고 익혀 교육의 불균형 상황에서 교육의 본질을 회복하려는 하나의 시도이다. 회복적 생활교육은 비난, 강제, 처벌, 배제의 방식이 아니라 치유, 자비, 조정과 화해의 방식으로 문제를 해결하는 회복적 정의를 실천한다. 존중, 배려, 경청, 자기 책임 등의 핵심 가치로 틀어진 관계를 바르게 연결하는 법, 공동체가 함께 갈등을 평화적으로 해결하는 법 등을 안내해 준다.

2018년 10월, 담임 학급에 발생한 심각한 갈등을 회복적 생활교육의 갈등 전환 프로세스로 접근하여 해결한 경험이 있다. 복잡한 갈등 상황을 만나 어떻게 길을 찾아가야 할지 모를 때, 뜻을 함께하는 동료 교사와 학급 학생들이 힘을 모아 함께 길을 찾을 수 있었다. 시간이 제법 걸리는 힘든 과정이었지만 그 속에서 배움이 있었고 공동체가 연결되는 힘을 느꼈으며 함께 성장하는 경험을 공유할 수 있었다.

진정한 배움이 일어나기 위해 학급과 학교 안에 어떻게 안전한 공간을 만들 것인지, 학급에서 갈등이 발생했을 때 어떻게 풀어나갈 수 있는지에 대해 새로운 방식을 제안하는 회복적 생활교육은 늘 나의 정신을 일깨워준다. 지금 우리는 재난의 상황에서 원격수업과 대면수업을 병행하고 있는데, 대면 시에도 마스크를 써야 해서 얼굴도 모르고 직접 접촉할 수도 없다. 이런 상황에서 관계의 회복이나 연결하기 등의 활동이 더욱 절실하게 필요하다. 교실이 회복되는 과정에서 학생들의 상처 입은 자존감도 점차 되살아나리라 기대한다.

교육 격차는 코로나19 이전에도 존재했지만 재난 상황에서는 더욱 심각하게 나타난다. 코로나19 상황에서는 사회적 거리두기로 인해 연결하기 활동이 어렵다 보니 둥글게 앉아 토킹 피스를 들고 돌아가면서 자신의 감정을 서로 이야기하고 경청하는 장면을 만들지는 못했다. 그래도 이런 상황에서 시도해 볼 수 있는 다양한 방안을 모색하여 진행하는 중이다.

자존감 향상 프로그램

그 노력의 하나로 다양한 자존감 향상 프로그램을 준비하여 교실 회복을 위해 노력했다. 초등학교에서부터 조금씩 벌어지기 시작하는 격차는 중학생이 되면 어느 정도 고착된다. 그런 경험이 쌓이다 보면 배움이 더딘 아이들은 자존감이 낮을 수밖에 없다. 낮은 자존감은 무력감으로 이어지고, 그게 교육 격차를 더 크게 벌리는 악순환으로 이어진다. 그렇기에 교육 격차를 해소하는 지름길은 자존감 향상에 있다고 믿고 있다.

이처럼 자존감 향상 프로그램을 운영할 때, 기본 철학은 회복적 생활교육이다. 다양한 프로그램을 통해 학생들의 자존감이 향상되고, 이를 통해 교육 격차가 자연스레 해소되는 결과를 기대해 본다.

누구에게나 마음에 나무 한 그루가 심겨 있다고 생각한다. 날마다 그 나무에 물을 주고 사랑으로 보살펴야 건강하게 자라는데, 부모님의 무관심과 열악한 환경, 학업 능력과 학습 기초 부족, 사회성 부족 등의 다양한 요인으로 인해 마음의 나무가 제대로 보살핌을 받지 못하는 경우가 있다. 그런 마음을 위로해 주고 지지해 주어 내면의 힘을 길러주고 함께 어려움을 이겨내는 경험을 하면 마음의 나무는 깊이 뿌리를 내리며 크고 튼튼한 아름드리나무가 될 수 있다. 그래서 사람이 혼자가 아니라 서로 연결되어 있음을 알게 하고, 서로 존중하며 사랑을 표현할 수 있게 하는 다양한 프로그램을 시의적절하고 일관되게 실시하고 있다. 본 연구에서는 기존에 진행했던 자존감 향상 프로그램을 코로나19 상황에서 발생한 교육 격차 해소에 초점을 두어 진행했다.

(1) 미라클 모닝 독서

사람이 어제보다 오늘 더 성장하는 방법은 독서, 글쓰기, 운동, 취미 활동, 예술 활동, 봉사 활동, 나눔 활동, 종교 활동 등 다양하다. 그 가운데 독서와 글쓰기는 사람의 성장에 특히 큰 도움을 주며 자존감 향상에 지대한 영향을 준다. 그래서 우리 학급 학생들과 독서를 시작했다. 코로나19 상황 속에서 규칙적인 생활이 무너진 학생들은 스스로 책 읽기가 힘들다. 부모님의 관심이 부족한 학생은 책 한 줄 읽기가 더욱 힘들 것이다. 이에 독서 활동을 통해 교육 격차를 극복해 보고자 했다.

'미라클 모닝'은 할 엘로드(Hal Elrod)가 지은 도서명이다. '당신의 하루를 바꾸는 기적. 아침 6분이면 충분하다'라는 부제가 붙어 있다. 기적의 아침을 깨우는 독서라는 의미를 담아 '미라클 모닝 독서'라고 명명했다. 이걸 축약하여 '미모 독서'라 하고, 이때 쓰는 독후 활동 공책을 '미모공책'이라고 이름 붙였다.

매주 수, 목, 금, 토요일 아침 7시 50분부터 8시 30분까지 책을 읽고,

미모공책에 1일 목표를 3개 이상 수립하고, 읽은 분량을 기록하고, 기억에 남는 구절과 그에 대해 느낀 점을 기록했다. 마지막으로 감사 일기를 기록하고, 부모님의 댓글을 받아 소통했다. 기록이 완성되면 모든 학생이 순서에 따라 느낀 점을 발표한다. 등교수업 기간에는 교실에서 실시하고 원격수업 기간에는 구글 미트로 진행했다. 시간이 부족하여 모두 발표하기가 어려울 때는 일대일로 짝을 지어 발표할 때도 있다.

2021년 1월 2일부터 2월 28일까지 미라클 모닝 독서를 했다. 자율동아리인 '인물 탐구반' 학생들과 내가 수업하는 1, 2학년 학생 중 희망하는 학생으로 구성하여 온라인으로 독서 모임을 진행한 것이다. 독서 모임 기간에는 방학이 포함되어 있었으나 학생들의 의견을 따라 쉬지 않고 진행했다. 이후 2021년 3월 새 학기에도 미라클 모닝 독서를 지속하자는 학생들의 요청이 많을 정도로 아주 반응이 좋았다.

새 학기에는 내가 담임을 맡은 학급 학생들과 2021년 3월 3일부터 2022년 2월까지 미라클 모닝 독서를 이어가기로 계획하여 진행하고 있는데, 긍정적인 반응이 많이 나왔다. 학생들의 구체적 반응은 다음과 같다.

- 아침에 스마트폰 하는 대신에 책을 읽을 수 있다. 그날 목표를 수립할 수 있고 책에 대한 느낌을 글로 쓰니 정리가 되는 느낌이다.
- 미모공책에 부모님과 댓글로 소통하면서 서로 마음을 나눌 수 있게 되었다.
- 혼자서는 꾸준히 책을 읽기 어려운데 학급 친구들과 함께 모여서 하니까 서로 도전 의식이 생기고 학급 공동체가 연결되어 있다는 느낌이

들어 계속할 수 있었다.

- 친구들이 읽는 좋은 책을 알게 된다. 좋은 책을 추천받을 수 있다.
- 늦잠 자지 않고 이른 아침부터 독서를 하니 뇌가 활발하게 움직여서 1교시 수업에도 자연스레 수업 내용이 머릿속에 잘 들어온다.
- 책을 읽고 독후 활동 마지막에 감사 일기를 쓰니까 늘 감사할 것을 찾게 되고 주변 상황과 사람들에 대해 관심을 가지게 된다. 그러다 보니 긍정적인 에너지가 많이 생긴다.
- 미모 독서로 인해 지식을 얻고 상상력과 창의력, 어휘력이 생긴다.
- 늦잠 자는 시간에 일찍 일어나서 시간을 의미 있게 보내게 된다. 아침부터 알차게 시작하니 하루가 보람찬 느낌이 든다.
- 미모 독서를 하지 않았으면 좀처럼 책을 읽지 않았을 텐데, 책 읽는 습관을 갖게 되었다.

교실과 온라인 공간에서 미모 독서 장면과 독서 기록

(2) 손편지 이벤트

문자메시지, 카카오톡 등의 매체를 통한 소통이 주를 이루는 요즘, 학부모들이 자기 손으로 쓴 편지글을 통해 자녀에게 사랑과 격려의 마음을 담아 평소에 하지 못했던 말들을 전한다면 어떨까? 힘든 시기에 학생들에게 큰 격려가 되고 자존감을 높이는 데에도 도움이 되리라 생각했다.

4월 중간고사를 앞두고 학부모님께 손편지 이벤트 안내문을 카톡으로 보냈다. 정해진 시간에 절반 정도의 손편지가 나에게 우편으로 배달되었다. 기한 내에 보내지 못한 가정에도 재안내하여 결국에는 모든 학부모가 편지를 보내주었다. 5월 첫째 주 도덕 수업 시간에 부모님의 편지를 학생들에게 전달했다. 그리고 학생들이 부모님의 편지를 읽고 바로 답장을 쓸 수 있도록 미리 편지지와 편지 봉투를 준비했다.

예상치 않게 부모님의 편지를 받은 학생들의 얼굴에는 놀라는 표정이 역력했고, 곧이어 교실 여기저기에 훌쩍이는 소리가 가득 찼다. 매일 만나는 사이지만 평소에 듣지 못했던 부모님의 속 깊은 따스한 마음을 글로 만나는 감동적인 순간이었다. 모두가 눈물로 편지를 읽고는 바로 이어 진심 어린 답장을 썼다.

2019년 5월에 손편지 이벤트 덕분에 예지의 흔들리는 마음을 잡아준 좋은 경험이 있었기에 기대를 안고 시작했다. 단, 이번에는 격차의 관점에서도 찬찬히 보았다. 두 분 부모님 모두 편지를 보내준 가정도 있지만, 한 분만 편지를 보내준 가정도 있었다. 이런 차이가 아이들에게 상처가 되면 안 되겠기에, 그게 드러나지 않도록 조심스레 이벤트를 진행했다.

손편지 이벤트를 하는 모습과 실제로 받은 손편지들

'표현하지 않는 사랑은 사랑이 아니다.'라는 말이 있다. 구체적으로 사랑의 감정을 친필로 써서 나눌 때 그 마음이 서로에게 더 명확하게 전달된다. 부모님께 받은 편지의 개수와 양에는 차이가 있었을지라도 그 속에 부모님의 사랑이 표현되어 있다는 점은 모두 같았다.

- 아빠가 나를 사랑하는 줄 몰랐었는데 편지를 통해 처음 알게 되어 감동했다.
- 딸이 내 편지를 보고 엄마의 솔직한 마음을 고맙게 받아주었고 사소한 오해도 풀렸다.
- 아주 특별하고 의미 있는 시간을 경험했다.
- 딸과의 관계가 삐걱거렸는데 덕분에 부드러워지고 좋아졌다.

학생과 학부모 모두 긍정적인 반응이 많았다. 손편지를 통해 부모님의 마음을 확인하면서 학생들의 자존감 나무에 꽃이 피어난 것 같아 나도 큰 보람을 느꼈다.

(3) 마니또 활동

마니또 활동은 학급에서 친구들이 서로 격려하며 친밀감을 나누고 마음을 연결하기 위해 월 2회(1회당 1주일의 기간)로 꾸준히 진행하는 마음 연결 프로그램이다. 마니또 도우미가 학생들의 이름을 종이에 기록하고 접어서 준비한다. 추첨으로 종이를 뽑고 1주일 동안 비밀 친구가 되어 꾸준히 관찰하며 도움을 주고, 간식을 주거나 응원의 메시지도 적어준다. 서로 가깝지 않은 관계였더라도 이런 활동을 수행하며 새로운 친구를 사귀고 교우 관계의 폭이 넓어지게 된다. 이렇게 교우 관계가 좋아지면 자존감이 높아지고, 이는 자연스럽게 격차 해소로 이어질 수 있을 것이다.

(4) 품성 클래스

품성카드

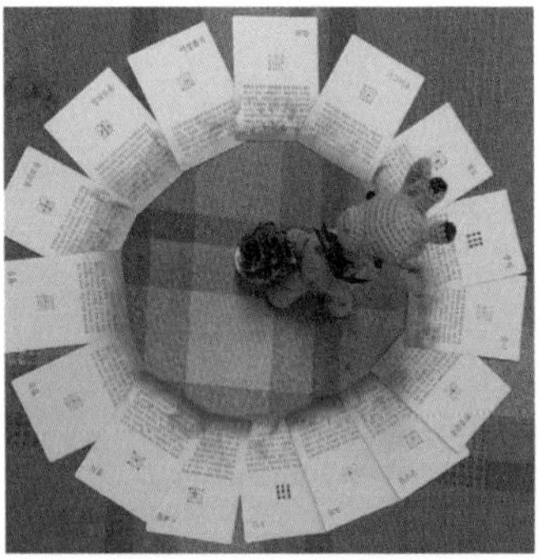

이 프로그램에서는 인간이 추구해야 할 보편적인 가치 52개를 설명하는 품성카드를 활용한다. 자기에게 필요한 품성카드를 선택하고 카드에 기록된 말을 자신에게 대입하여 읽고 일상에서 구체적으로 실천한다. 추구해야 할 뚜렷한 가치를 설정하고 일상에서 이에 도달하려고 노력하는 과정에서 자신을 성찰할 수 있다.

조회 시간, 수업 시간, 특별교육 시간, 학기를 마치는 때 등 적절한 시간에 이 활동을 했다. 학급 친구들이 동그란 공동체 안에 들어와 서로가 가진 소중한 내면의 품성을 발견하게 하고 여기에 진실한 칭찬의 옷을 입혀 대화하게 했다. 그러면 더 커다란 원을 그려 서로 다른 친구들을 초대할 수 있는 마음을 품게 되었다.

학생들의 성장 이야기

자존감 향상을 위한 다양한 프로그램 속에서 아이들은 자아를 발견하고 사고를 확장해 나간다. 또한 작은 목표를 성취한 경험이 반복되는 과정에서 마음의 나무가 조금씩 자라고 있음을 확인한다. 단절되었던 마음이 연결되고 아픔이 회복된다. 성장의 과정은 학생마다 개인차가 있다. 개인의 인지 능력이나 이미 형성된 마음의 힘, 타고난 성향이 다르기 때문이다.

(1) 유정이 이야기

소극적인 성격이라 학급에서 아이들과 잘 어울리지 못하던 최유정 학생의 이야기를 적어본다. 유정이는 학기 초에 나에게 책 읽기에 관심이 없고 관계 맺기에 어려움이 있다고 했다. 꿈을 정하지 못했고, 공부에 관심이 없고, 자신감이 없는 편이라고 했다.

그래서 매주 요일을 정해서 만났다. 이 멘토링 활동에서는 드림노트(dream note)를 적도록 했는데, '꿈을 향한 소중한 나의 기록'이란 의미를 담은 공책이다. 이 공책에 꿈을 그리며 함께 얘기를 나눴다. 그랬던 유정이가 지금은 나에게 이런 말을 전한다.

저는 독서에 관심이 없어 아예 책을 안 읽었어요. 그런데 미라클 모닝 독서를 통해 주 4회씩 책을 읽으면서 책에 관심을 가지고 꾸준히 독서를 하게 되었습니다. 미모공책에 독서 후 기록과 함께 감사 일기를 쓰면서 내가 평소에 감사한 일들이 무엇이 있었는지 많은 생각을 하게 돼요. 그걸 또 일기로 쓸 수 있어서 좋았어요. 예전에 온라인 수업을 할 때는 보통 조회 시간 전에 급하게 일어나 정신을 못 차린 채 1교시를 하곤 했는데, 미라클 모닝 독서를 하면서부터는 먼저 책을 읽으며 집중했기 때문에 1교시 수업에 집중이 잘 됩니다.

선생님과 주 1회 멘토링을 하고 있는데요. 담임선생님이랑 여태 멘토링을 해본 적이 없어서 처음에는 어색하고 힘들었어요. 그런데 지금은 선생님과 평소 생활은 어떤지, 힘든 것은 무엇인지, 이처럼 일상생활을 자연

유정이의 드림노트

스럽게 나누게 되고 편안하게 대화하는 시간이 되어 좋습니다. 제가 드림 노트를 쓰는 것도 좋아요. 명언, 좋은 시, 자성 예언, 품성 가치, 감사 일기를 쓰고 그림도 그리면서 저 자신에 대해 생각할 수 있는 시간이 됩니다. 그리고 배우고 조금씩 성장하고 있음을 느낍니다.

유정이의 부모님도 유정이의 변화를 말해주었다.

유정이가 부지런해지고 안 읽던 책을 읽게 되었어요. 그리고 웹툰 작가라는 꿈도 정했어요.

(2) 수민이 이야기

이번에는 성취 욕구가 강하고 자신의 꿈이 뚜렷하며 매사에 최선을 다해 생활하는 백수민 학생의 이야기를 적어본다.

미라클 모닝 독서에서 책을 같이 읽으니까 우리 학급 공동체가 연결되어 있다는 것을 느꼈어요. 지금까지 학교생활을 하면서 아침 시간에는 책을 읽지 않고 친구들과 수다를 떨며 시간을 보냈어요. 하지만 올해는 미모 독서를 시작으로 하루가 알차게 흘러갔고 또 독서를 통해 다양한 지식을 얻었어요. 책을 다 읽고 난 뒤에는 친구들과 서로 이야기를 나누며 공유했고, 다양한 책을 만나볼 수 있었어요. 평소 등교 시간보다 일찍 등교하니 처음에는 익숙하지 않아 힘들었어요. 하지만 차곡차곡 모이다 보니 벌써 미모공책 55쪽이 넘어가게 되었고, 어느새 나는 일찍 일어나 등교하여 미모 독서를 준비하게 되었어요.

전보다 수업을 차분히 준비할 수 있게 된 점 또한 나의 변화입니다. 항상 시간이 없다면서 책을 멀리 피하게 되었는데, 이제는 자연스레 몸에 익숙하게 되었어요. 독서뿐 아니라 그날의 목표를 작성하면서 계획적인 하루를 보내고, 감사 일기를 작성하며 일상의 감사함을 찾기 위해 주변을 더 관찰해 볼 수 있었어요.

책을 대하는 자세에도 변화가 왔어요. 예전에 나는 학교 과제 때문에 책을 겨우 읽었지만, 이제는 미모 독서에서 읽어보고 싶은 책을 서점에 가서 고르게 되고, 관심 있는 분야에 따라 책을 찾게 되었습니다. 또 미모 독서 후 인상 깊은 구절과 내 생각을 공책에 써보면서 책을 조금 더 깊게 읽고 이해합니다. 더 많은 책을 읽으면서 자연스레 아는 어휘도 늘어나고 책의 등장인물, 내용을 통해 많은 것을 배우고 있어요.

이 외에도 우리 학급에서 실시한 다양한 프로그램에 참여하면서 나 자신이 많이 변화하고 성장하고 있음을 느낍니다.

두 학생이 기록한 변화의 내용은 다르다. 가정환경, 학습 이해력 등의 차이로 인해 같은 프로그램을 진행했음에도 아이들에게 나타나는 성장의 속도가 다르기 때문이다. 하지만 유정이와 수민이는 각자의 상황에 맞는 긍정적 변화를 경험하고 있다. 그리고 모두 자기 나름의 속도로 자라고 있다. 속도의 차이는 있지만, 포기하지 않고 꾸준히 성장하고 있다는 점이 중요하다. 우리 반 아이들이 친구와 경쟁해서 이기려고 하기보다는 어제의 자신보다 더 나은 사람이 되기 위해 노력하기를 바라는 마음이다.

학생들과 함께 성장하는 교사

회복적 생활교육의 정신으로 자존감 향상 활동의 중심에 서 있는 나 자신을 돌아본다. 나는 왜 이런 교육 활동을 하는가? 시간을 들이고 에너지를 소모하고 수시로 아이들한테 연락하고 '이렇게 하자! 저렇게 하자!'라며 한 명 한 명 손잡고 가는 나는 무엇을 목적으로 이런 교육 활동을 하는 것인가? 늘 생각하고 또 생각한다.

목표는 바람직한 성장이다. 학생들만의 성장이 아니라 나 자신의 성장도 포함된다. 내가 진행하는 모든 프로그램은 내가 먼저 경험해 보고 좋았던 것을 바탕으로 하고 있다. 그리고 교사로서 이끌어감과 동시에 학생처럼 나도 항상 함께 참여하여 같이 배운다.

다양한 프로그램을 진행하는 그 과정에서도 늘 격차가 발생하는 것을 본다. 예를 들어, 미라클 모닝 독서를 진행할 때 모든 학생이 시간에 맞게 들어오지는 않는다. 7시 50분, 8시, 8시 5분 이렇게 차이를 두고 들어온다. 늦은 아이들에게는 빨리 들어오라고 연락한다. 토요일에도 여전히 접속하는 시간의 차이는 있지만 7시 50분부터 온라인으로 모여 책을 읽는다. 이렇게 독서를 시작하는 시간과 집중도에는 다소 차이가 있을지라도 미모 독서를 좋아하고 모여든다는 점에서는 한마음이다.

그리고 학생들 속에서 어느새 나도 미모 독서를 더욱 즐기고 사랑하는 사람이 되었다. 학생들이 어떤 책을 읽는지, 어떤 일에 감사함을 느끼는지, 가족이나 친구들과는 어떻게 지내는지 이해하게 된다. 나도 나의 이야기를 꺼내면서 학급 공동체의 한 존재로 자리한다. 날마다 교실에서 혹은 원격에서 우리의 마음이 연결됨을 느끼고 조금씩 자라고 있다는 것은 아주 신나는 일이다.

학급의 다양한 프로그램을 진행할 때 느린 학생들은 다독여주며 손을 꽉 잡고 가야 한다. 느린 학생들의 마음속에도 들어가 본다. 그럴 수밖에 없는 격차의 요인을 또 발견하고 인정하며 다른 접근 방법을 지혜롭게 찾아간다. 그 속에서 나는 인내를 배운다. 오늘 뿌린 교육의 씨앗이 바로 열매 맺히지는 않는다. '사랑의 물주기'라는 오랜 기다림의 시간이 필요하다.

지금은 1학기를 마무리하는 시점이다. 1년 후, 아니 그 이후까지를 내다본다. 꽃이 피고 열매가 맺힐 그 날을 기대하며 나는 오늘도 학생들과 함께 성장을 꿈꾸는 행복한 연구자로 서 있다.

8

고등학생의 교우 관계 형성과 학급의 역할

권정혜

권정혜

고려대학교 가정교육과를 졸업하고, 교육 방법으로 석사학위를 받았다. 2006년에 교직을 시작해 서울사대부고에서 '가정'을 가르치고 있다. '서울초중등대안교육연구회' 회원이다.

고등학생의 교우 관계 형성과 학급의 역할

코로나19라는 초유의 상황으로 인한 등교수업 감소 및 학교 행사 축소, 그리고 고교학점제 시행이라는 환경 속에서 고등학교 학생들은 교우 관계 형성에 어려움을 겪고 있다. 의사소통 능력, 대인관계 능력이 많이 떨어지고 있는 것은 물론, 교우 관계에서의 격차가 매우 크게 벌어지고 있음을 일상에서 관찰할 수 있다. 교우 관계의 문제는 학교생활에서 적극성, 학업 의지 등에도 영향을 미친다. 따라서 학급 내에서의 활동을 통해 교우 관계 형성을 돕고, 더 나아가 학교생활 및 삶에 대한 만족도를 높여주기 위한 교육적 시도를 해보고자 한다.

관계 맺기가 힘들어진 고등학교 교실

코로나19로 등교가 뜸해지면서 학생들은 비대면 대화와 문자로 소통하는 것이 더 익숙해졌다. 등교하더라도 친구들에게 인사하기보다는 조용히 자기 자리에 앉아 핸드폰에 집중한다. 쉬는 시간, 점심시간조차도 이어폰을 끼고 주변과 자신을 단절시키며 핸드폰 안의 세상으로 들어가는 학생들이 많다.

학교에서 교우 관계를 제대로 형성하지 못한 학생들의 양상은 매우 다양하다. 친구를 사귀려는 의지가 없고 공동체 의식의 중요성에 공감하지 못하는 학생들, 학급에 친한 친구가 없어 교실이 편하지 않은 학생들, 그룹 문화를 형성하며 배타성을 갖는 학생들까지…….

이렇듯 학생들의 양상은 매우 다양하지만 공통점도 있다. 수업에서 소극적인 태도를 보이기 쉽고, 학교생활에 대해 흥미를 보이지 않는다는 점이다. 이러한 모습은 코로나19로 인해 더욱 두드러졌다. 핸드폰으로 인해 무기력한 일상을 겪고 있으면서도 오히려 핸드폰을 손에 쥐고 빠져나오지 못하는 학생들이 많다. '친구를 사귀는 대화 방법'까지도 잊고 있다.

또한 고교학점제 도입으로 인해 '한 학급'이라는 개념이 사라졌다. 각자가 선택한 과목을 수강하기 때문에 같은 반이지만 수업 시간마다 교과 교실로 흩어진다. 조회가 끝나면 홈베이스에 가서 수업을 준비하고 자신이 선택한 수업을 들으러 간다. 점심시간에도 모이기는 쉽지 않다. 같은 반에서 점심을 함께 먹을 친구가 없는 아이들은 다른 반 친구와 점심을 먹는다. 만약 그 친구가 학교에 오지 않은 날이면 점심을 거르기도 한다. 이처럼 학급 내에서 교우 관계가 형성되어 있지 않으니 점심 식사 후에 학급에 앉아서 시간을 보내는 일조차 힘겨워한다. 한 교실 안에서 같은 반 친구들과 수업을 들으며 서로를 탐색하고 관계를 맺어가는 과정이 흐지부지 사라지고 말았다.

이렇게 학급 내에서 교우 관계가 제대로 형성되지 않으면 수업 시간에도 소극적으로 반응하게 된다. 친하지 않은 친구들 사이에서 대답하거나 반응하기가 어렵기 때문이다. 교우 관계에서의 친밀도 격차는 학교의 다양한 교육 활동에 대한 참여 격차로 이어질 수밖에 없다.

교우 관계, 왜 중요한가?

학생들과 같이 생활하다 보면 학생들의 삶에서 '친구'라는 존재의 의미가 매우 크다는 것을 알 수 있다. 사람은 태어나면서부터 주위 사람들과 관계를 형성하는데, 특히 청소년기에는 관계의 중심점이 가족에서 친구에게로 이동하게 된다. 이때의 교우 관계는 심리적·정서적 안정뿐만 아니라 학습, 자아정체성과 자아존중감 형성에까지 영향을 미친다.

실제로 청소년 시기 삶의 만족도에 영향을 미치는 많은 요인 가운데 관계적 요인으로 부모, 친구, 교사 관계를 꼽고 있는 연구들[1]이 있다. 또한 여러 연구자의 논의를 인용하여 많은 시간을 학교에서 생활하는 우리나라 청소년들은 학교에서 학업을 성공적으로 수행하고 돈독한 교우 관계를 맺는 일이 삶의 만족을 결정하는 중요한 요인이라고 밝힌 연구[2]도 있다. 교우 관계가 청소년 삶의 만족도에 큰 영향을 주고 있음을 알 수 있다.

1 이현주·권수정(2013), 〈청소년의 자아탄력성과 또래애착이 자기조절학습능력에 미치는 영향〉, 《한국콘텐츠학회논문지》 13(10). 조혜정(2011), 〈청소년 음주발달궤적과 예측요인〉, 《한국정신건강사회복지학회 학술발표논문집》.

2 손수경·이현정·홍세희(2017), 〈학교 학습활동과 교우 관계가 청소년의 삶의 만족도에 미치는 영향〉, 《한국청소년연구》 28(3).

이처럼 교우 관계는 학생들의 학업 성취도, 정서 행동 등에 영향을 미치며, 청소년 시기 친구와의 관계는 학교생활뿐만 아니라 일반적인 생활에서도 중요한 요인이 된다.[3] 또한 원만하고 긍정적인 교우 관계를 이룬 청소년은 그렇지 못한 청소년에 비해 이타심과 감수성이 풍부하고, 여러 내적 고통을 감내하는 능력이 뛰어나다.[4] 따라서 교우 관계를 긍정적으로 형성하는 것이 청소년기 학생들의 삶에 매우 긴요한 일임을 알 수 있다.

학급 학생 29명을 대상으로 설문조사를 했다. '교우 관계 형성에 영향을 미치는 요인이 무엇이라고 생각하는가?' 라는 항목에서 학교 및 학급 활동, 학급 분위기 등 학교에서의 환경이라는 응답이 15명(52%)

교우 관계에 영향을 미치는 요인이 무엇이라고 생각하는가?

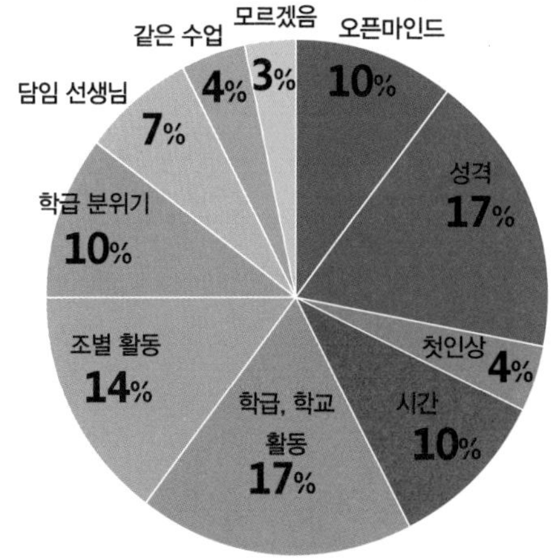

3 이현정·손수경·홍세희(2018), 〈청소년의 삶의 만족도와 학교 학습활동 및 교우관계 간 자기회귀 교차지연 효과 검증: 성별 간 다집단 분석〉, 《한국청소년연구》 29(1).

4 정지웅·황춘화·이수천(2020), 〈청소년기의 우울, 자아탄력성, 교우 관계 간의 영향관계 연구〉, 《한국보건복지학회》 22(1).

이었다. 이는 학생들이 교우 관계 형성에서 학교 및 학급의 역할을 기대하고 있음을 보여준다. 또한 학급 분위기와 교사의 관심을 꼽은 학생도 많았다. 청소년 시기 교우 관계에서 학급 내 교우 관계가 매우 중요하다는 것을 시사하는 대목이다.

개인 면담에서는 학급 구성원 대부분이 새로운 교우 관계를 형성하고 싶은 마음과 달리 위축되어 있음도 알 수 있었다. 따라서 타인과의 관계에서 어려움을 겪고 있는 학생들의 긍정적인 변화를 위해서 관계성에 대한 학생 간 격차를 줄이기 위한 연구가 필요하다.

학급 프로그램을 통한 교우 관계 형성

이제까지 청소년기의 교우 관계를 다룬 연구는 매우 많다. 학업 성취도, 학교폭력, 우울감, 자아정체성 형성 등 교우 관계와 다양한 요인들의 상관관계를 연구했고, 이러한 연구에서 유의미한 결과들을 볼 수 있었다. 그러나 코로나19로 인한 원격수업, 고교학점제로 인한 분반수업 상황에서 학생들의 교우 관계 형성을 다룬 연구는 없었다. 특히 학급 단위의 프로그램으로 학생들의 교우 관계 변화를 관찰하고 연구한 사례는 없기에, 본 연구에서는 학급 프로그램을 통해 교우 관계 형성을 도모하고자 했다. 프로그램의 목표를 '개인 파악 → 학급 전체에 대한 이해 → 교우 관계 형성을 위한 탐색 → 대화하기 도전 → 적극적 행동의 시작 → 교사의 개입 없는 교우 관계 형성'으로 단계별로 진행했다. 전체 프로그램은 다음 표와 같다.

프로그램 진행 개요

	주제	활동 내용	
1	성향 파악	개인 상담을 통한 교우 관계 파악 및 어려움 이해, 라포르 형성	
2	존중받기	학급 생일 파티를 통해 학급에서 사랑받고 있음을 알려주기	
3	학급 자치를 통한 학급 참여	학급 규칙 정하기	자신이 바라는 학급의 모습, 학급의 규칙 조사
		급훈 콘테스트	1인 1급훈 제시 후 원격 상황에서 전체 소개, 온라인 투표를 통해 학생들 이름 파악, 소극적인 학생 격려
		1인 1역	학급에서 필요한 역할을 선택, 활동
4	마니또	학생들의 의견을 통해 진행, 학급 전체가 남녀 구분하여 2차례 진행, 원격수업 상황에서 마니또 뽑기, 등교 주간 학생 관찰 및 내용 게시	
5	친구 보물찾기	활동지를 바탕으로 학급 내 10명 이상에게 질문하고 답 적기	
6	자기소개	종례신문을 활용한 자기소개 글(우리 반의 주인공은 너야 너) 작성하기	
7	모둠으로 만나기	사진 콘테스트	모둠 구성을 통해 사진 찍은 후 스티커 붙이고 공유하기
		모둠활동	온라인/오프라인 병행 모둠활동 구성 및 진행하기(또래 강의, 학급 프로젝트)
8	학급 활동	오프라인으로 실시하는 외부 봉사 활동	
9	보드게임	교실을 어려워하는 학생들에게 점심시간 '교류의 장' 만들어주기	
10	허브 기르기	나의 마음을 이야기하고, 같이 커나가는 '나의 허브' 기르기	

(1) 학급 프로그램 진행 원칙

학급 프로그램을 진행하며 가장 중점을 둔 방향은 '발전을 기대하는 학생들이 튀지 않게 한다.'이다. 대부분 교우 관계에서 실패를 경험하고 소극적인 학생은 학급 내에서 위축되어 있는데, 이 학생들을 신경 써 따로 지도하면 은연중에 낙인효과가 생긴다. 심한 경우 '편애'라고 오해를 받곤 하는데, 이 오해는 다른 학생들과의 교류에 부정적인 영향을 미치게 된다. 그래서 각 개인의 성향 차이, 교우 관계 파악 및 라포르 형성을 위한 개인 상담을 우선으로 했다. 또한 프로그램마다 교사의 의도, 필요성 등은 원격수업 및 학급자치회 시간에 전달해서 프로그램이 연결성과 유기성을 갖는 데 중점을 두었다.

학생들과 프로그램을 진행하기 전·중·후의 내용, 사진 등을 학생과 학부모 SNS를 통해 공유했고, 외부 체험이 필요한 경우에는 동의서를 받았으며, 가정 내 교육으로 연계될 수 있도록 꾸준히 안내했다. 또한 프로그램을 진행하며 학습 및 학교 프로그램 참여와 중복되지 않는가, 누군가가 상대적 박탈감을 느끼게 되지 않는가, 학급 전체(특수반 학생 2명, 럭비부 학생 1명)를 모두 아우를 수 있는가, 외향적인 성향의 학생들에게만 도움이 되지 않는가, 일상 속에서 실천할 수 있는가 등을 하나하나 확인해 가며 진행했다.

(2) 급훈 콘테스트

학급을 운영하는 담임의 교직관에 따라 학급 운영방침은 각기 다를 수 있으며, 이 운영방침은 학급 학생들에게 자연스레 영향을 미치게 된다. 그러나 교사가 일방적으로 영향을 행사하기보다는 학생들이 스스로 생각하고 원하는 학급을 만들어가는 일이 무엇보다 중요하다. 그래서 각자 원하는 학급의 모습을 담아 급훈을 조사하고 전체 학급 아이들과 함께 상의해서 골랐다. 줌(ZOOM)을 이용한 학급회의에서 회장의 진행으로 각자 자신이 생각하는 급훈을 소개했고, 실시간 투표를 통해 급훈을 선정했다.

그 결과 조례와 종례 시간에 담임이 아닌 복도에 있는 다른 학급 친구와 눈을 맞추고 서둘러 교실에서 나가려고 했던 학생들이 낸 의견이 나란히 2등과 3등으로 뽑혔다. 학급 전체에게 급훈의 의미를 설명하고 상품을 주면서 꼭 1등이 아니어도 된다고 격려했다. 두 학생은 이 활동을 계기로 눈빛이 변하고 학급 친구들에게 좀 더 적극적으로 다가가는 모습을 볼 수 있었다.

(3) 친구 보물찾기 후 자기소개하기

생각은 가득하더라도 다른 친구들에게 말을 걸지 못하는 학생들이 많다. 또한 단짝 친구와의 관계를 중시하고, 다른 친구들은 무섭다고 하는 학생들도 많다. 이런 친구들의 가장 큰 고민은 '말을 어떻게 걸어요?'였다.

그래서 친구 보물찾기를 통해 친구들을 알아보는 계기를 마련했다. 학급 누구에게나 질문해서 답을 받을 수 있는 질문, 소극적인 친구들을 정답으로 질문을 만들었다. 예를 들어 '나와 같이 셀카를 찍어줄 사람은?', '5월이 생일인 친구는?'과 같은 질문이다. 질문의 수는 시간적 제약을 고려하여 조회 시간에 활동할 수 있도록 12개로 정했다. 한 학생에게 모든 질문을 할 수 없고, 모두 다른 이름을 적어 와야 한다는 규칙을 제시했다. 질문지 아래에는 행운의 숫자를 적어 자연스럽게 추후 진행되는 모둠활동을 위한 작업을 함께 했다. 시간 내에 빠르게 해결하는 친구에게는 '청소면제권'을 주겠다고 독려하니 남학생과 여학생 간의 경계가 없어지면서 다른 친구들에게 자연스럽게 말을 걸었다.

이후 자기가 말을 걸었던 친구를 소개하는 글을 작성해서 종례신문에 싣도록 했다. 겉모습이나 타인에게 들은 정보만으로 친구를 섣불리 판단해서는 안 된다는 것을 알게 하고 싶었기 때문이다. 교생 실습 기간(5월)에 교생 선생님들이 종례 때 학생들에게 발표를 시켰는데, 교생 선생님들 덕분인지 학생들은 이 활동에 더 큰 관심을 보였고 다음 종례

친구 보물찾기 활동지

우리 반 친구 알아보기!		
순서	질문	이름
1	하루에 3시간 이상 공부하는 사람은?	
2	어제 5시 넘어서 집에 간 사람은? 이유는?	
	이유는?	
3	생일이 5월인 사람은?	
4	내 핸드폰 번호를 아는 사람은?	
5	라면 먹을 때 김치가 꼭 있어야 하는 사람은?	
6	삼겹살을 비빔 냉면에 싸 먹는 사람은?	
7	하루에 만 보 이상 걷는 사람은?	
8	신발 크기가 230인 사람은?	
9	송중기를 좋아하는 사람은?	
10	나와 같이 셀카를 찍어 줄 사람은?	
11	나와 행운의 숫자가 같은 사람은?	
12	나랑 같이 고기 먹을 사람은?	
오늘의 행운의 숫자는? 9		

학급 종례신문

급훈 : 洞己失音 官頭登可
어제보다 발전하는 202
사랑으로 만나는 공간
202 담임 통신
제 38 호
발행일 : 2021. 5. 25 火
발행인 : 담임 권정혜

알립니다.

★ 매우 중요 ★
마스크 KF80 이상 사용할 것!
->생일 선물 선택지: (기존)슬리퍼, 양말,
(추가) 마스크 5장

① 교내 논술 경시 대회
-6/3(목)리로스쿨 신청

② 희망바우처 연락처변경
-희망급식 바우처 수신자 오류로 인한 정보변경을 신청하는 분들은 아래 링크를 통해 안내문 숙지 후 변경하시면 됩니다.
-제로페이 블로그 :
https://blog.naver.com/zeropay_official/222361594508

③ 반대항 체육대회: 수요일, 목요일 점심!^^
생일파티!! 내일 아침!!!!
사진컨테스트: 하트를 송송 붙여주세요~

④ 럭비 결승
- 일시: 5월 26일(수) 오후 1시 30분
- 상대: 부산체육고등학교

⑤ 2022 개정 교육과정 설문조사
-대통령직속 국가교육회의와 교육부가 실시
-설문기간: 2021.5.17.(월)~6.17.(목)
-참가대상: 학생, 보호자(학부모), 교사, 시민 등 교육에 관심 있는 국민 누구나
-참가방법: 사이트(www.eduforum.or.kr) 또는 QR코드
-설문내용: 미래교육 인재상, 교육과정 운영 및 지원 방향 등

<우리반의 주인공은 나야 나!>
<"이주희"편>

안녕 얘들아 이번 자기소개는 나야! 완전 기대되지? 일단 나는 다들 알다시피 엄청 활동적이고 자유로운 아이야. 얘들이랑 노는거 좋아하는 고2란다. 나는 새로운 사람들과 친해지는 걸 좋아해서 애들한테 잘 다가가는 편이야 근데 혹시나 너무 부담스럽게 내가 다가가는 것 같으면 'stop' 이라고 해줘 그럼 적당히 다가갈게..!
그리고 나는 안무가가 꿈이고 춤추는 걸 아주 좋아해 그래서 나는 진로를 찾을 때 가장 중요하게 생각하는 것은 일을 할 때 재밌고 행복하게 할 수 있는지를 중요하게 생각해 너희들은 어떤걸 가장 중요하게 생각하니? 궁금하네 음.. 그리고 나는 먹는걸 굉장히 좋아해 나는 해산물을 진짜 좋아해! 비록 비싸서 자주 못 먹지만.. 그리고 요즘은 마라탕에 정말 빠져있어 사실 오늘도 먹으러 가** 성신에 있는 마라상국지 꼭 가봐 진짜로 맛있어! 그래서 요즘 다시 살이 찌고있는 것 같기도..
그리고 내가 싫어하는 행동이 있어 나는 사람을 차별하는 아이들을 싫어하고 예의없는 아이들도 정말 안 좋아하는 것 같아 정말 다행인 것은 우리반 아이들 중에 그런 아이들이 없다는 것? 이건 정말 다행인 것 같아!
아 그리고 지금 이 글을 읽고 있으면 체육대회가 끝났겠네? 당연히 이겼지? 우리반 쌤 결혼하셔서 꼭 이겼으면 바라는 마음이 크다.
뭐 지금까지 주희의 tmi 잘 들어줘서 고맙고 내일이면 주말이네 좋은 주말보내 그리고 교생쌤들 정말 감사했어요ㅜㅠㅜㅠㅜ

♥ 담임의 마음 ♥
늙나보다..체력이 떨어지는 요즘. 너희도 몸이 안 좋은지 하루에 모두가 건강한 날이 없네. 오늘은 아침에 연락이 안오네? 하면 학교에서부터 아프다고 오는 친구들이 줄줄~우리가 매일 학교에 오던 그때를 기억해라!!!우리 모두 1년을!!그 이상을!!건강하게 잘 보내자~

신문을 기다리기도 했다.

이런 활동을 통해 학생들이 친구들에게 마음을 여는 변화를 경험했다. '나는 말을 잘 걸지 못하지만 너희와 친해지고 싶어. 나에게 다가와 주면 고맙겠어.'라고 종례신문에 적은 학생이 있었다. 이 학생은 평소 다른 친구들에게 말을 전혀 걸지 못했던 학생이었는데, 종례신문에 이렇게 적은 것 자체가 그 학생에게는 무척 용기 있는 도전이었다는 생각이 든다.

(4) 학급 봉사 활동 후 교실 활동

학급 봉사 활동을 뚝섬 한강공원으로 가면서 학생들은 처음으로 외부에서 사복을 입고 서로를 마주하게 되었다. 뚝섬까지 학생들이 찾아

오고 집결하여 봉사 활동을 하는 과정에서 학생들은 다시 '어색함'을 느꼈다. 교실에서의 짧은 만남이 아니라 몇 시간에 걸쳐 함께 지내야 했기 때문이다.

그러나 앞선 활동의 영향으로 학생들은 서로에게 관심이 있었고, 교우 관계를 형성하기 위한 욕구 역시 컸기에 이러한 문제점을 학생들이 스스로 해결하려고 노력했다. 평소에 교우 관계를 제대로 맺지 못해 "선생님, 저는 ○○가 없으면 이 활동은 안 할래요."라고 말했던 학생이 활발하게 참여한 것이 무엇보다 인상적이었다. 외부 체험에서 그룹을 나눌 때도 "제 친구가 저기 있으니 저기로 하고 싶어요."라고 말하는 학생이 없었다는 것도 몹시 희망적인 징조였다.

봉사 활동 이후 학생들의 의견을 수렴하여 보드게임을 마련했다. 보드게임은 서울교육청에서 지원하는 희망교실 예산으로 구매했다. 쉬는 시간과 점심시간에 사용할 수 있도록 교실에 비치했는데, 보드게임 이용과 관련해서 이런 규칙을 정했다.

- 평소 친하지 않았던 친구들과 함께 해야 한다.
- 다른 학급의 친구들과는 할 수 없다.
- 특수학급 친구를 포함해야 한다.

교우 관계에서 어려움을 겪던 학생들은 지능형 보드게임을 활용하여 다른 친구들과 교류하는 모습을 보였다. 점심시간에 학급 교실이 온전하게 학급 학생들을 위한 공간이 되었다. 있을 곳이 없다며 교실 밖을 배회하던 학생들이 교실로 오는 모습을 볼 수 있었다. 학급 자치 시간

보드게임과 모둠활동

전 자투리 시간에 학생들이 자발적으로 '마피아 게임'을 제안했고, 이런 분위기 덕분에 학급에서 교우 관계 형성에 격차가 컸던 학생들도 어렵지 않게 어울릴 수 있었다.

성장하는 우리 아이들

학년 초에 실시한 설문조사에서 학교·학급 활동의 축소로 교우 관계가 어렵다고 대답한 학생이 29명 가운데 22명이었다. 하지만 다양한 학급 프로그램을 적용해 본 결과, 학급 프로그램이 교우 관계 형성에 도움이 되었냐는 질문에 24명이 그렇다고 대답했다. 그렇지 않다는 대답은 1명에 불과했다.

설문조사 결과 외에 면담을 통해 학생들의 변화를 살펴보았다. 학생

학급 프로그램 적용 결과에 대한 설문

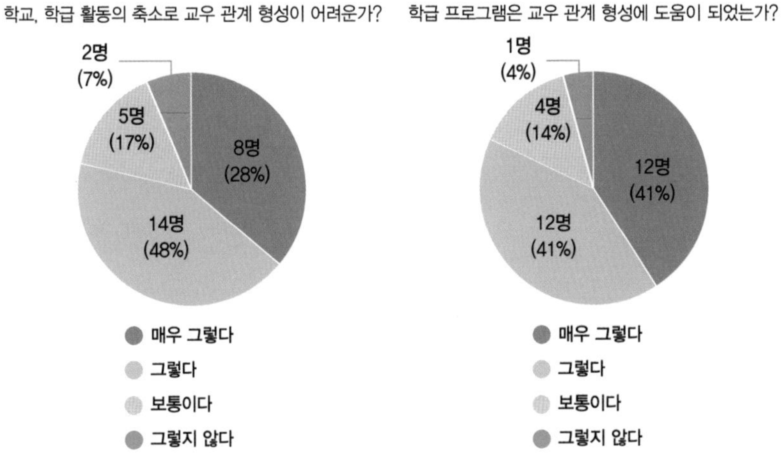

들은 우리 반에 대해 이렇게 평가했다.

- 우리 반 친구들은 친절하다.
- 다른 반보다 말하기가 편하다.

학년 초에 교우 관계를 힘들어하던 학생들이 학급 안에서 마음이 편해졌다고 말하는 것을 보며 교우 관계에 대한 학생들의 심리적 격차가 줄었음을 확인할 수 있었다. 이 프로그램을 장기적으로 진행해야겠다고 다짐했다.

이 프로그램을 진행하며 두 친구가 기억에 남는다. 연우는 교우 관계에 매우 소극적이라 걱정이 되던 학생이었는데, 이 프로그램을 처음 시작하려던 때 "부모님도 가르치지 않았던 사회성을 선생님이 가르쳐주시려고요?"라며 나에게 반문했다. 이 말은 담임을 맡은 나에게 무거운

짐이 되었고, 동시에 프로그램에 대한 의지를 갖게 해주었다. 이 프로그램을 진행하는 과정에서 연우는 "제가 ○○와 대화하는 시간이 많아서 다른 친구들이 저희에게 말을 걸기가 어려운 걸까요?"라는 고민을 털어놓았고, 시간이 지나며 등교수업 때마다 조금씩 달라지는 모습을 보였다.

"선생님, 저 오늘은 ㅁㅁ와도 대화했어요."

"저 ○○가 없어도 학교 프로그램을 신청해 볼게요."

정민이도 친구 관계를 힘들어했다. 학년 초에는 "친구에게 말 거는 것이 무서워요. 저도 겨우 ○○에게 붙어 있어요."라고 말했는데, 이제 다른 친구들에게 자신의 SNS 아이디를 말해주며 "맞팔하자!"라고 스스럼없이 말하게 되었다. 또한 인문학서당, 맞춤형 진로 프로그램 등 학교 프로그램에도 활발하게 참여하고, 스승의 날을 맞이하여 진행한 선생님 캐리커처 그리기에도 작품을 제출하는 등 적극성을 보였다.

남녀 합반이지만 묘한 장벽이 있던 학급 분위기 속에서 학급 임원들과 1인 1역을 내세워 학생들의 역할을 강화하고, 남녀 마니또를 진행하며 '인사'만이라도 하기를 바라던 때가 언제인가 싶다. 어느 순간 인사를 넘어 일상의 고민을 나누는 학생들을 보며, 계기가 중요하다는 것을 다시 배우게 되었다.

무엇보다 '학교나 학급 활동에서 친구가 없으면 불안하고 의욕이 생기지 않는다.'라는 설문 물음에 '그렇다'고 대답했던 학생들이 "학급 친구들과 또 봉사 활동을 가고 싶은데 괜찮을까요?", "영어 단어 외우기 활동을 하자고 해도 좋을까요?"라며 학급 활동 및 학습에 의욕적으로 뛰어드는 모습은 무척 감동이었다.

함께 성장하는 교사

학생들의 일상에서 관찰되는 교육 격차는 매우 다양한 모습이다. 이러한 격차의 원인 또한 개인의 성향, 가정환경, 결정적 시기의 학습 부족, 학습된 무기력, 실패의 경험 등 매우 다양하다. 이를 극복하기 위해 단위학교에서는 기본학력 책임지도제, 인성교육, 교육복지통합시스템 등의 정책들이 계획·시행되고 있다. 또한 학교폭력 예방을 위한 캠페인, 어울림 프로그램 등도 운영하고 있다.

하지만 실질적으로 교실 문을 열고 들어가 새로운 인간관계를 맺어야 하는 학생들을 위한 프로그램은 취약했다고 생각한다. "새로운 친구에게 어떻게 다가가나요?", "무슨 말을 해야 하나요?" 등의 질문들을 끊임없이 받으며 이러한 학생들을 위한 프로그램을 만들고 싶었다. 이는 3월의 포털사이트 인기 검색어인 '친구 사귀는 방법'에 대한 해답의 실마리를 풀기 위한 노력이었다. 학생들을 관찰하고 새로운 프로그램들을 시도하는 것은 교사에게도 큰 도전이었지만, 어려운 도전이었던 만큼 보람도 컸다.

점심시간에 학생들과 사진을 찍으면서 학급을 관찰할 수 있었다. 약속 시간에 나타나지 않은 친구에게 다른 친구가 전화를 걸고, 결국 대부분의 반 학생들이 운동장에 모인 점이 무척 인상적이었다.

코로나19 때문에 학급 친구들끼리도 친해지기가 어려워서 학급 붕괴에 대해 고민해 볼 필요가 있다고 생각했다. 또한 1학년과 달리 2학년은 고교학점제로 인해서 수업 시간에 서로 어색해하며 적극적으로 참여하지 않는 경우를 볼 수 있었다. 그런데 우리 학급 아이들은 서로 분위기가 좋아서인지, 조례·종례 시간뿐 아니라 점심시간이나 쉬는 시간에도 굉장히 활기차다는 느낌을 받았다.

학급 프로그램을 진행하던 5월, 함께 했던 9명의 학급 교생 선생님이 쓴 소감 가운데 일부이다. 우리 학급의 경우 교우 관계 형성이 원만하다고 평을 했고, 그것이 학생들의 학교생활에도 영향을 미친다는 것을 확인할 수 있었다. 그 얘기를 들으며 제대로 길을 가고 있다는 생각에 안도감을 느꼈다. 이런 모습은 담임교사가 없는 상황에서의 관찰이라는 점에서 더욱 유의미하게 다가왔다. 이렇게 서로를 챙기고 학교생활에 재미를 붙인 아이들이라면, 수업에도 더 열심히 참여하지 않을까 기대해 본다.

이 연구에서는 '학급의 역할'에 대한 가능성을 확인할 수 있었다. 먼저 열린 마음으로 다가가는 용기와 그것에 응답하는 성숙한 마음을 갖도록 학생들의 변화를 유도하는 데 학급이 역할을 할 수 있다. 이러한 가능성은 '조례 시간, 종례 시간, 수업 시간 학생들의 태도가 왜 다른가?', '학교폭력은 어떻게 줄일 수 있는가?', '학급 붕괴로 사회성 형성에 어려움을 겪는 학생들을 어떻게 할 것인가?'와 같은 문제에 대해서도 해결의 실마리를 찾는 초석이 될 수 있을 것이다.

다만, 고등학교 2학년 학생에 한정된 연구이며 단시간에 적용했다는 점, 교우 관계의 하위 영역에 관한 연구가 이루어지지 않았다는 점이 아쉽다. 더욱 체계적인 프로그램 적용을 위해서는 반별 편차가 생기지 않도록 학년부 차원의 프로그램 개발, 교원학습공동체 등을 이용한 사례 공유 등이 필요하다.

9
고3 학생의 자기주도성 기르기

김영훈

김영훈

2015년에 첫 수업을 시작하여, 현재 서울사대부고에서 '윤리' 교과를 가르치고 있다. 본인을 소개할 활동을 앞으로 한마디씩 채워나갈 예정이다.

고3 학생의 자기주도성 기르기

'여전할 것인가, 역전할 것인가!' 올해 우리 반 학생들이 결정한 급훈이다. 여기에는 목적어가 없지만, 고등학교 3학년 학급이라는 추가적인 정보가 더해진다면 쉽게 그 의미를 추측할 수 있을 것이다. 하지만 야속하게도 역전은 쉬운 일이 아니다. 성적은 상대적 위치에 따라 결정되기에, 내가 아무리 노력을 해도 상대방이 나만큼 노력한다면 제자리걸음이 되기 때문이다. 고3에게는 특히 더 그러하다. 모두가 쌩쌩 달리는 고속도로 위에서는 가속 페달을 어지간히 세게 밟아도 티가 잘 나지 않는 법이다.

여기까지 읽었다면 앞으로는 성적 지상주의에 대한 비판이 펼쳐질 것이라 예상할지도 모르겠다. 하지만 이 글에서는 그와 같은 거대 담론은 뒤로 미루고 현실을 있는 그대로 받아들이고자 한다. 올해로 3년째 고등학교 3학년을 맡은 담임교사로서 학생들이 만족할 만한 결과를 만들어내기 위해 '나'는 어떤 도움을 줄 수 있을지 고민했다.

문제는 자기주도성

"올해 최선을 다해보자!"

"네, 달라진 모습을 보여드릴게요!"

고3 학생과의 첫 번째 진학 상담은 대부분 이렇게 끝이 난다. 5월이 가정의 달, 6월이 호국보훈의 달이라면 고3 담임과 학생들에게 3월은 희망의 달이다. 과거는 과거일 뿐! 앞으로 변화된 모습으로 그동안의 학습 결손을 만회하겠다고 다짐하는 시기이다. 기대가 큰 만큼 학업에 대한 의지도 상당히 높은 상태이다. 그런 의지는 보통 다음과 같은 행동으로 연결된다.

첫째, 구체적인 학습 계획을 마련하고

둘째, 시간을 할애하여 계획을 실천하고

셋째, 실천 결과를 확인한다.

문제는 결과가 만족스러운 수준에 도달하지 못했을 때 발생한다. 보통 다시 원점으로 돌아가 계획을 수정하고 한 번 더 실천해 본다. 그렇게 하고 나서도 목표를 달성하지 못한다면 이와 같은 실패(사전적 의미의 실패라기보다는 학습자의 목표와 괴리가 있는 상태) 경험이 쌓이면서 학생들은 무기력함을 느낀다. 특히 과거에 학업 성취 수준이 낮았던 학생들의 경우에는 더욱 깊은 좌절에 빠진다. 이른바 학습된 무기력이다. 자연스럽게 수업을 포함한 학교생활 전반에도 소극적으로 참여하게 되고, 대학 진학에 대한 의지가 꺾인다. 악순환이다.

이런 현상은 학교 현장에서 흔히 만날 수 있다. 작년 우리 반 학생이었던 영진이는 뒤늦게 체육 교사로 진로를 선택하고 3월 시작부터 말 그대로 최선을 다했다. 처음으로 방과후학교 수업과 자율학습실 좌석을 신청하고, 인터넷 강의 교재와 문제집을 구입하고, 항상 커피를 입에 달고 지냈다. 혓바늘이 돋아 밥 먹기가 불편할 정도로 잠을 줄여가며 공부했다. 하지만 중간고사 결과가 만족스럽지 못하자 좌절했다. 영진이를 불러 상담을 했다.

"단기간에 성적을 올리기는 힘들어. 그 전에 학습 결손이 많았다면 더 많은 시간이 필요해."

내가 이렇게 알맹이 빠진 얘기를 하고 있는데, 영진이가 예상치 못한 말을 불쑥 꺼냈다.

"성적이 잘 나오지 않을 거라는 걸 이미 알고 있었습니다. 공부에 투입한 시간은 많았지만 집중하지 못한 시간이 너무 많았거든요."

이처럼 학생 스스로 메타인지를 활용하여 자신의 학습 상태를 분석하고 있었기에 상담은 수월하게 진행되었다. 학습 습관과 방법에 관해 이야기를 나누니 문제점이 드러났다. 영진이는 3월부터 자기주도학습에 상당한 시간과 공을 들였다. 하지만 시간을 효율적으로 활용하는 방법을 몰랐다. 올해 초 상담을 위해 우리 반 학생들에게 받은 설문에서도 비슷한 경향을 확인할 수 있었다. 이런 경험을 통해 다음과 같은 판단을 내리게 되었다.

① 고등학교 3학년 학생들은 자기주도학습에 많은 시간을 할애한다.
② 그렇지만 대부분의 학생은 자기주도학습을 효과적으로 활용하지 못하고 있다.
③ 자기주도학습을 활용하는 능력에는 격차가 존재한다.

①~③을 종합하여 자기주도성을 기르고 격차를 줄이는 것을 실천연구의 핵심 주제로 삼았다. 연구 문제는 다음과 같다.

첫째, 자기주도성의 개념은 무엇이고, 특히 어떤 요소를 길러주고자 하는가?

둘째, 자기주도성 요소를 함양하고 격차를 해소하기 위해 담임교사는 어떤 방안을 마련할 수 있는가?

자기주도성의 개념과 구성 요소

표준국어대사전에서는 '주도(主導)'를 '주동적인 처지가 되어 이끄는 것'으로 정의한다. 그렇다면 자기주도성이란 '자기 스스로 일을 이끌어 나가는 성질이자 성격'으로 이해할 수 있다. 이 정의에 따른다면 자기주도성은 '성질, 성격'과 같은 개인의 성향을 넘어서 '어떤 일을 이끌어 나가는' 적극적인 행동과도 연결된다.

따라서 학교에서 자기주도성을 갖춘 학습자는 학업 성취 영역에서 성공할 가능성이 크다. 이러한 학습자는 지식을 수동적으로만 받아들이지 않고 자신에게 필요한 정보로 재구성하기 때문이다.

자기주도성에 대해 알아보기 위해 조금 더 익숙한 개념인 '자기주도학습'에서부터 논의를 시작하고자 한다. 놀즈(Knowles)는 자기주도학습을 학습 요구 진단, 자료 수집, 전략 수립 및 실천, 결과 평가의 과정을 개인이 주도적으로 실행하는 것이라고 정의했다.[1] 다시 말해, 학습 전반에 필요한 과정을 스스로 파악하고 실행하는 것을 일컫는다. 여기서 '스스로'는 '주도적'의 토대가 되는 '자기주도성'이라 볼 수 있다. 캔디(Candy)는 자기주도성의 네 가지 구성 요소로 '통제, 자율성, 독학, 자기관리'를 설정했다.[2] 이렇듯 자기주도학습이 '학습'의 방법론 측면에서 개인의 주체성을 강조하는 개념이라면, 이보다 포괄적으로 삶을 영위하는 데 필요한 주체성이 '자기주도성'인 셈이다.

캔디는 자기주도성은 개인이 노력을 통해 후천적으로 함양할 수 있다고 보았다.[3] 즉 학습자에게 주도권을 일임하여 학습을 이끌어나가게 한다면 자기주도성은 강화된다. 따라서 학생들이 자기주도성을 함양하기를 원한다면 교사는 관련 경험을 풍부하게 제공해야 한다.

더 체계적인 프로그램 구성을 위해 선행연구를 토대로 자기주도성의 요소를 세부적으로 분류했다. 우선 각 요소가 학습자에게 미치는 영향

1 Knowles, M. S.(1978), Andragogy: Adult Learning Theory in Perspective, Community College Review 5(3).

2 Candy, Philip C.(1991), Self-direction for lifelong learning, Jossey-Bass Inc Pub.

3 Candy, 앞의 책.

의 작동 방향을 기준으로 내부 요소와 외부 요소로 구분했다. 내부 요소는 다시 '현 상태 진단', '계획을 꾸준히 지속해 나갈 힘', '목표의 방향성' 세 가지로 나눴으며, 외부 요소는 '외부로부터의 동기 부여'로 삼았다.

자기주도성 구성 요소

내부 요소들 사이의 관계는 마치 자동차 내비게이션의 작동 원리와 비슷하다. 목적지에 도달(목표의 방향성)하기 위해서는 현재 위치를 정확히 파악해야 하고(현 상태 진단), 예상 도착 시간을 보여주며 과정을 견딜 힘(계획을 꾸준히 지속해 나갈 힘)을 제공해야 한다. 한편 '동기 부여'는 엄밀하게는 학습자 내부 요소이지만, 공동체 활동을 통해 달성하고자 했기에 외부 요소로 분류했다. 다른 친구들과 함께하며 서로를 독려하고 때로는 지켜보며 감시하기에 공동체 활동 자체가 학습자에게 동기를 부여할 수 있으리라 판단했다.

'따로 또 같이' 자기주도성 프로그램

'따로 또 같이'는 이번 연구에서 계획한 프로그램 제목이다. '각자' 계획을 세우고 '함께' 공유하는 과정을 반복한다는 의미다. 앞서 정의한 자기주도성의 각 구성 요소들을 함양하기 위한 프로그램들을 계획하고 현재 실천하고 있다. 구성 요소와 프로그램의 관계는 다음과 같다.

자기주도성 구성 요소와 프로그램의 관계

구성 요소		프로그램
현재 진단	⇨	사전 활동
꾸준히 해나갈 힘	⇨	학습 계획, 습관 형성
방향성	⇨	가치관 활동
공동체 활동	⇨	스터디 위드미

(1) 사전 진단

현재 상황을 진단하기 위해 설문과 상담을 진행했다. 우선 설문을 통해 상담을 위한 자료를 수집했다.

- 평균 학습 시간
- 학습 장소
- 학습 계획 수립 여부 및 구체적 내용
- 학습 전략 여부 및 구체적 내용
- 학습에서의 어려운 점

상담은 개별로 진행했으며, 주로 학습과 진학에 관한 이야기를 나눴다. 학생들은 대부분 비슷한 고민을 품고 있었다. 어떤 학생은 하루의 학습 시간조차 파악하지 못한 채 불규칙적으로 학습을 이어나갔으며, 또 어떤 학생은 계획을 세우지 않고 내키는 대로 공부했다. 학업에 대한 압박감과 스트레스 때문에 고민만 많아져 공부하는 물리적 시간 자체가 매우 부족한 학생도 있었다.

대부분 자신이 어떤 조건이나 상황에서 효과적으로 학습할 수 있었는지 알지 못했다. 게다가 이러한 습관이 문제점이라고 인식하지 못하는 경우가 많았고, 인식했을지라도 대안을 마련하거나 보완하지는 않았다. 그런 상태여서 상담은 다음과 같은 말로 귀결되곤 했다. "공부해야 한다는 걸 머리로는 알지만 실천이 어려워요." 학생들의 이야기를 통해 실천이라는 행동 지향적 결과에 도달하려면 자기주도성을 함양해야 한다는 점을 새삼 확인할 수 있었다.

(2) 단기적 변화 – 습관 형성 및 학습 계획

먼저 바른 습관을 형성하고 학습 계획을 수립할 수 있도록 자신에게 꼭 필요한 '작은 습관'을 선택하게 하고, 결과를 매일 학급 단체 대화방에서 공유했다.

습관 형성 인증 사진

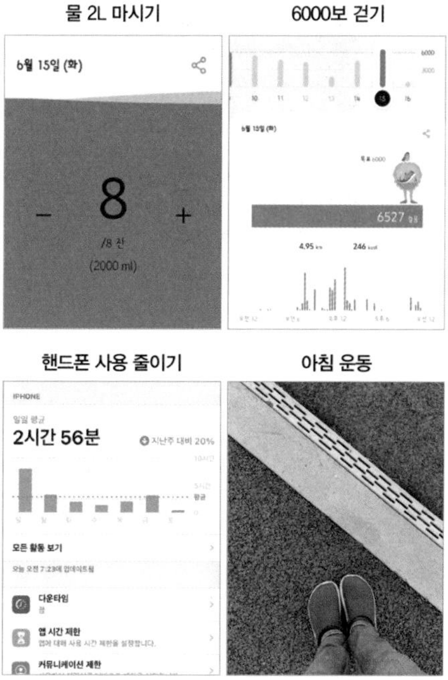

먼저 담임으로서 매일 아침 운동장 두 바퀴 돌기를 선택했다. 때론 귀찮았지만 그것이 나와의 약속이었고, 또한 이 프로그램에 참여한 우리 반 학생들이 지켜보고 있다는 것을 알기에 꾸준히 참여할 수 있었다. 진구는 하루에 물 2리터를 마시고 6000보를 걸으며 건강을 관리했고, 은지는 핸드폰 시간 관리를 통해 디지털 의존도를 줄였다.

학습 태도를 조절하는 연습도 병행했다. 단체 대화방에서 저녁 또는 아침에 자신의 학습 목표를 점검표로 만들어 공유하고, 달성 여부를 함께 확인했다. 단순하게 반복되는 활동에 게임 요소를 도입하여 참여도를 높였다. 우선 다른 참여자의 학습 목표가 적절한 분량인지를 평가한 뒤 목표 달성 여부를 가늠해 보도록 했다. 예측에 성공한다면 점수를 부여했다. 이를 통해 계획을 세우는 참여자는 자신의 계획이 적절한지를 매일 확인할 수 있고 타인의 기대에 부응하기 위해 최선을 다했다. 나중에는 점수를 기준으로 활동이 종료되는 시점에 작은 시상식도 열 계획이다.

학습 계획 및 결과 인증 사진

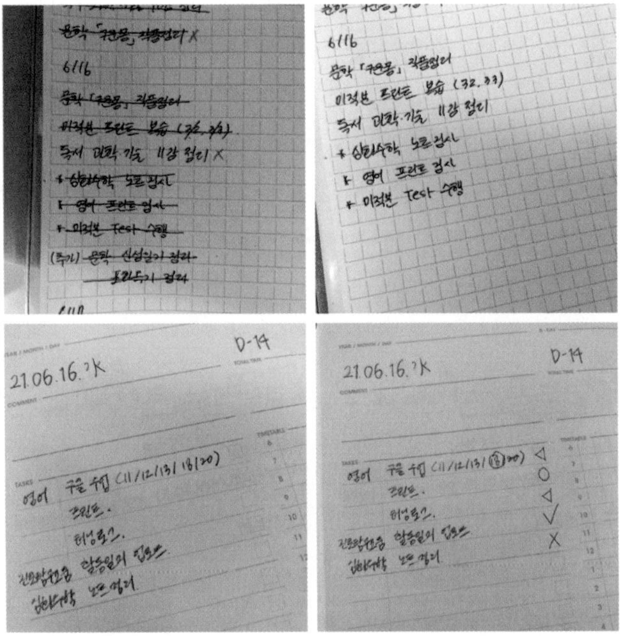

(3) 장기적 변화 – 가치관

장차 어떤 사람이 되고 싶은가, 중요하게 여기는 가치는 무엇인가, 삶을 어떤 방향으로 이끌어갈 것인가? 이런 고민 자체가 자신에 대한 이해를 높이는 계기가 되고, 더 나아가 자기주도성을 구성하는 바탕이 된다. 즉 장기적인 가치관의 변화를 유도하려면 학생들이 진로를 결정할 때 구체적인 방향성이 있어야 한다. 예를 들어, '교사'가 아니라 '어떤 교사'가 되고 싶은지까지 생각할 수 있어야 한다.

이러한 가치관의 변화를 위해 '생각주머니' 활동을 진행했다. 이 활동에서는 매주 1회 키워드를 학생들에게 제시한다. 그러면 학생들은 키워드에 관한 생각을 정리하여 대화방에 올린다. 이 과정에서 학생들은 자신의 가치에 대해서, 자기 삶의 방향성에 대해서, 자신의 진로에 대해서 깊게 생각할 수 있다.

'인간관계'에 대한 생각주머니

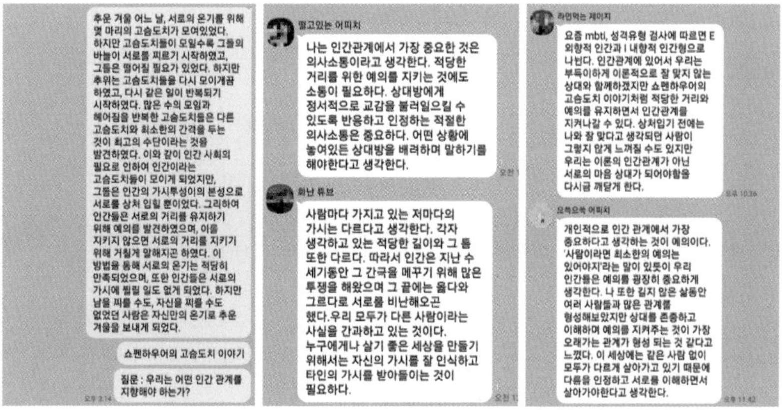

위 그림은 '관계'에 대한 키워드를 제시하고 활동한 내용이다. 학생들의 생각을 자극하기 위해 먼저 고슴도치 딜레마 이야기를 제공했다.

그리고 '우리는 어떤 인간관계를 지향해야 하는가?'라는 질문을 제시했다. 학생들은 인간관계에서 중요하다고 생각하는 점을 정리하여 각자 의견을 말했다. 그리고 다른 사람의 의견을 보면서 다양한 관점을 비교할 수 있었다. 이렇듯 주제에 대해 고민하고 정리하고 공유하는 과정을 통해 학생들은 중심을 잡아갈 수 있다.

(4) 스터디 위드 미(study with me)

최근 '열정을 품은 타이머'라는 애플리케이션이 고등학생들에게 큰 인기를 끌고 있다. 공부를 시작하면서 해당 앱을 켜 자기가 학습한 시간을 기록하는 것인데, 소모임을 만들어 같이 공부하는 회원들과 실시간으로 시간을 기록하고 확인하는 것도 가능하다. 내가 공부를 시작하면 상대방에게도 자연스럽게 자극을 주는 구조이다. 자기주도학습은 스스로와의 약속이기에 깨기 쉽고 지속하기는 어렵다. 그렇기에 함께 공부하여 어느 정도의 긴장감과 강제성을 부여하는 것이 그 앱의 인기 비결이라 생각한다.

유튜브에서 '스터디 위드 미'라는 영상이 높은 인기를 끄는 것도 비슷한 이유일 것이다. 실시간으로 자신의 공부 화면을 송출하는 단순한 구성이지만 그것을 시청하는 사람과 실시간으로 함께한다는 것이 가장 큰 매력이다.

'따로 또 같이'에서도 주로 주말 시간을 활용하여 '스터디 위드 미' 활동을 진행하고 있다. 사전에 학습과 휴식 시간을 정하고, 온라인 화상회의 프로그램을 활용해서 실시간으로 공부하는 영상을 송출한다. 혼자 하다 보면 지치기 쉬운 자기주도학습에서 이 활동이 페이스메이커가 되어주기를 기대하고 있다. '따로 또 같이' 프로그램에 신청하지 않았던 학생도 이 활동에 함께 참여하는 걸 보면 꽤 매력적인 활동이란 생각이 든다.

중간 점검하기

교사도 학생들과 함께 프로그램에 참여했다. 그 이유는 첫째, 세부 프로그램의 길잡이 역할이 필요했기 때문이다. '생각주머니' 활동에서는 생각 주제를 제시했지만, 이틀이 지나도록 아무도 글을 올리지 않았다. 그러나 교사가 먼저 글을 올리자 학생들도 글을 올리기 시작했다. 아마도 어떤 방식으로 글을 써야 하는지 몰라서 난감했거나 자기 의견을 타인에게 공유하는 것이 부끄러웠을 것이다.

둘째, 자연스럽게 참여자들을 독려하는 동반자 역할을 하기 위함이었다. 세부 프로그램들은 매일 진행되는 활동이기 때문에 번거롭고 귀찮을 수 있다. 그래서 교사도 함께 활동하며 번거로움을 감수하고 있다는 메시지를 보내고 싶었다. 너무나 고맙게도 학생들이 먼저 "선생님, 같이 해요."라고 말을 건네주어 기쁜 마음으로 흔쾌히 출발할 수 있었다.

참여 학생들도 조금씩 변화하는 자신의 모습을 자랑하기도 했다. 특히 '스터디 위드 미' 덕분에 자칫 헛되이 쓰기 쉬운 주말 아침 시간을 알차게 활용하고 있다는 말은 교사에게도 큰 힘이 되었다. 그러나 아직 눈에 띄는 성과를 확인할 수는 없었다. 조금 더 꼼꼼하게 계획을 세우려다 보니 그 단계에서 시간이 많이 흘렀고, 그로 인해 실제 활동 기간이 짧았기 때문이다. 더구나 자기주도성은 정의적인 영역과 밀접한 관련이 있어서 적절한 평가 도구를 찾지 못했다. 앞으로도 계속 활동을 이어갈 예정이라 적절한 대안을 찾고 있다.

한편, '보다 더 정교한 프로그램을 제공했으면 어땠을까?' 하는 아쉬움도 남는다. 학습 계획을 세울 때 고려할 것, 의지를 함양하기 위한 조언, 슬럼프가 찾아왔을 때 필요한 마음가짐 등 프로그램 진행에 도움을 줄 수 있는 요소들을 적극적으로 제공했다면 학생들에게 더 큰 도움이 되지 않았을까?

앞으로 나아가야 한다

프로그램을 진행하면서 몇 가지 깨달은 점이 있다. 첫째, 학생들은 수동적이기만 한 존재가 아니라는 것이다. 이 프로그램은 '학생들은 낮은 수준의 자기주도성을 가지고 있을 것이다.'라는 전제에서 출발했다. 하지만 교사의 특별한 개입과 조력 없이도 학생들은 프로그램 전반에서 이미 높은 수준의 자기주도성을 보였다. 스스로 계획을 수립·실천하고 점검했으며, 결과물을 반영하여 이를 토대로 적당한 차후 계획을 수립했다. 한번은 개인적인 사정으로 '스터디 위드 미' 활동에 늦게 접속한 적이 있었는데, 교사가 없어도 참여하기로 한 학생들이 모두 접속을 완료한 채 공부하고 있었다. 부끄러운 편견이 깨지는 순간이었다.

둘째, 공동체의 힘을 확인했다. 학생들은 대체로 활동에 적극적으로 참여했는데, 그 원동력이 무엇이냐고 물었더니 공동체 때문이라고 답했다. 학습 계획 업로드 마감 시간이 임박하면 서로를 독려하는 메시지가 오갔고, 결과물에도 서로 관심을 기울이는 분위기가 자연스럽게 형성되었다. 자기의 일에 관심을 기울이는 친구들이 늘어난다면 자연스럽게 최선을 다할 수밖에 없다. 그래서 중도에 포기한 학생 없이 현재까지도 하나의 팀으로 진행되고 있다.

처음 이 프로그램을 계획할 때 목표로 삼은 학생들이 있었다. 바로 사교육의 도움을 받을 수 없는 학생들이었다. 고등학교 3학년 한 해 동안의 '투자'가 그 학생의 평생을 결정한다고 생각하기에, 많은 가정에서는 지원을 아끼지 않는다. 하지만 그럴 수 없는 가정도 많다. 사교육의 도움을 받을 수 없는 학생들은 자기주도학습을 할 수밖에 없는데, 그게 과연 효율적으로 이루어지고 있을까? 그 고민이 이 연구의 출발이었다.

처음에 목표로 생각했던 학생들이 신청하지 않았을 때는 면담을 통해 참여하도록 권유했다. 그 아이들도 현재까지 포기하지 않고 잘 참여해 주어 정말 고맙다. 부디 끝까지 잘 참여해서 사교육으로 인한 교육격차를 스스로 극복하기를 기대해 본다.

마지막 세 번째 깨달음은 후일담에 가까운 '자기반성'이다. 학생들의 자기주도성을 길러주고자 시작한 프로그램이었지만, 함께 활동하면서 정작 교사인 나도 자기주도성이 부족함을 깨달았다. 하루 일정을 미리 정리하고, 매일 아침 운동장을 산책하는 것이 학생들 앞에서 공언한 목표였다. 간단해 보였지만 상당히 버거운 일이었다. 그로 인해 때로는 결과물 업로드 시간을 지키지 못하거나 아예 실천하지 못한 날도 있었다. 평소 학생들과의 상담에서 너무나도 쉽게 '학습 시간 늘리기', '시간 지키기'와 같은 조언을 건넨 것은 아닌지 반성하게 되었다.

또한 연속으로 고3 담임을 맡으면서 그동안 '입시'라는 허울 좋은 핑계 뒤에 숨어 학생들과의 교류에는 무관심했던 자신을 뒤돌아보게 되었다. 이번 기회를 통해 학생들과 일상을 공유하며 자연스럽게 유대 관계를 쌓을 수 있었다. 지금도 활동은 진행형이다.

10
코로나19, 학교도서관의 공간적 단절

박은하

박은하

1990년 서울사대부초에 임용되어 현재 30년 넘게 사서교사로 재직하고 있다. 개인적으로 혹은 사서교사연구회에서 초등학교 학교도서관과 초등학생의 독서에 관한 연구를 끊임없이 하고 있다. 서울의 초등 사서교사들과 공저로 《한 학기 한 권 무엇을 읽을까》, 《교사와 아이들을 살리는 학교도서관 활용 수업》 등의 저서가 있다.

코로나19,
학교도서관의 공간적 단절

2020년, 전 세계적인 코로나19의 유행으로 학교가 멈췄다. 교직 경력 30여 년 만에 처음 경험하는 상황이었다. 학생들은 학교에 올 수 없었고, 교사는 학생이 없는 학교에서 어찌할 바를 몰랐다. 과거 10여 년 전부터 학교 수업이 원격으로 바뀔 수 있다는 칼럼이나 논문을 읽은 기억은 있지만, 원격수업에 대한 지식이 많지 않았기 때문에 바뀐 상황에 적절하게 대처하지 못했다.

그래도 교실에서 하는 수업은 동영상 수업, 실시간 수업 등으로 빠르게 대체되는 편이었다. 그러나 학교도서관 자료의 이용에 관한 연구는 상대적으로 적었다. 시간이 지나 전체 학생의 3분의 1 정도가 등교하게 되었지만, 교실에만 있다가 바로 귀가해야 하는 상황에서 학생들이 도서관에 방문하는 것은 어려운 일이었다. 여전히 학교도서관 자료를 학생들이 이용할 수 없었다. 그 이후로 학생들은 가정환경에 따라 독서 활동에 격차가 생기게 되었으며 시간이 갈수록 그 격차는 더욱 벌어지게 되었다.

학교도서관의 공간적 단절로 인해 학생들이 독서를 멈추는 일이 없기를 바라는 마음에 이 연구를 시작했다.

코로나19 전쟁터에서 학생들의 독서량 지키기

전시 상황을 방불케 하는 코로나19 사태로 전 세계는 물론 학교도 함께 멈춰 섰다. 그간 활발히 운영되던 학교도서관도 당연히 멈췄다. 학교도서관의 공간적 단절로 도서관 자료는 자리만 지키게 되었고 학생들은 독서를 멈췄다.

2019년, 2020년 학년별 도서 대출 통계

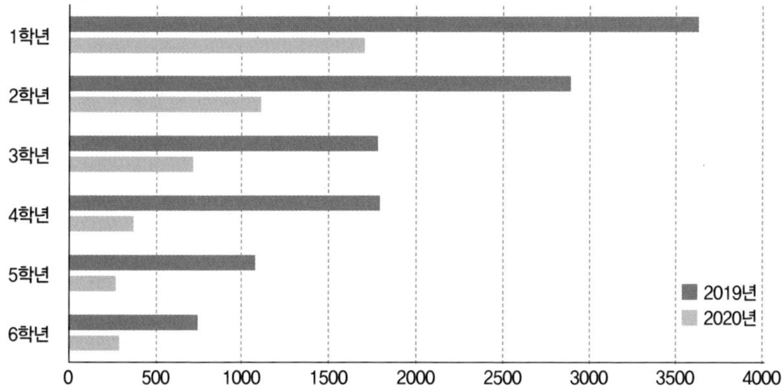

위 자료는 서울사대부초의 2019학년도, 2020학년도 학년별 도서 대출 통계이다. 그래프에서 확인되듯이 학생들의 독서량은 거의 반 토막이 났다. 물론 학생들이 학교도서관의 책으로만 독서를 하는 것은 아니다. 그렇다고 해도 학생들의 독서량은 분명히 줄었다. 잠시 멈췄던 수업은 많은 교사들의 연구와 노력으로 재개되었지만, 학교도서관의 공간적 단절을 해결할 방법에 관한 연구는 없었다.

그러는 사이에 학생들은 가정환경에 따라 독서량의 격차가 생겼다. 가정에서 부모님께 독서에 대한 지도를 받는 학생들은 코로나19로 학교도서관을 이용하기 힘든 상황에서도 지속적인 독서 활동이 가능했다. 그러나 부모님이 바쁘시거나 관심이 덜해 독서를 지도할 수 없는 환경에 놓인 학생들에게 학교도서관의 공간적 단절은 곧 '독서 활동의 멈춤'을 의미했다.

초등학생 시기는 독서 능력 발달 단계 가운데 입문기에 해당한다. 독서의 입문기는 투입(input) 단계이며 독서 습관을 형성하는 단계이다. 어려서 바른 독서 습관을 형성하는 것이 바람직하다는 것은 삼척동자도 다 아는 사실이다. 그래서 많은 양의 독서를 하는 것이 그 무엇보다도 중요하다. 많은 양의 독서를 하다 보면 독서 능력이 저절로 향상되고, 바른 독서 습관을 형성하게 된다.

학교도서관의 역할은 학교에 다니는 학생이라면 누구라도 충분한 독서량을 채울 수 있도록 하는 것이다. 그러기 위해서 학교도서관의 행사나 수업은 모든 학생이 관심을 가질 수 있어야 하며 참여하기 쉬워야 한다.

그간 본교에서는 학생들의 다독(多讀)을 위해 학년별, 주제별 권장도서 목록을 작성하여 학생들에게 배포하면서 독서인증제를 시행하고 있었다. 독서인증제를 시행함으로써 학생들은 6년간 최소 240권의 책을 읽고 독서기록장에 정리할 수 있다. 1학년 때 50권을 완료한 학생에게는 '독서 6급'을 수여하고, 한 학년씩 진급하면서 한 등급씩 올라가 6학년 때는 1급이 되는 프로그램이다. 단, 한 해라도 거르면 1급이 될 수 없다. 6학년 때 1급이 된 학생은 졸업식에서 영예스러운 '모범독서상'을 받게 된다. 그간 한 해 평균 110명의 졸업생 가운데 50명 정도가 이 상을 받았다.

그러나 2020년 학교도서관의 공간적 단절은 학생들이 꾸준히 하던 독서를 멈추게 했다. 나는 학생들이 활발하게 도서관 자료를 이용할 수 있도록 하는 프로그램에 대한 아이디어가 절실하다고 느꼈다. 학생들의 도서관 자료 이용에 대한 결핍과 독서량의 격차를 해소하기 위해 이 연구를 시작했다.

도서관 프로그램 재정비하기

본교 학교도서관은 일회성 행사를 지양하고 학생들이 독서 활동을 꾸준히 이어갈 수 있도록 프로그램을 설계하고 있다. 그러나 팬데믹으로 인한 학교도서관의 공간적 단절로 그동안 실시하던 프로그램을 진행하기가 어렵게 되었다. 그리하여 기존의 프로그램을 전면 재검토하고 정비했다. 일상에서는 물론 공간적 단절 상황에서도 운영이 가능한 프로그램으로 수정하는 것이 목표였다.

(1) 학년별, 주제별 권장도서 목록 제시

본교는 6개 학년에 학년별, 주제별 권장도서 목록을 개발하여 학생들에게 배포하여 이용하도록 하고 있다. 권장도서 목록의 선정 기준은 해당 학년 학생의 나이에 적합한 도서, 교과 관련 도서, 교과서 수록 도서, 학교도서관 장서에 포함된 도서이다. 학생들이 학교도서관을 활발하게 이용하도록 하려고 학교도서관의 장서를 이용했다.

그런데 팬데믹으로 학생들이 학교도서관을 이용하기가 어렵게 되었고, 학교도서관 장서로 구성된 권장도서 목록의 책들을 다른 일반 도서관에서 구하기도 어렵게 되었다. 학생들이 30~50권이나 되는 권장도서 목록의 책을 개인적으로 모두 구입하기도 쉽지 않다. 그렇다고 학생들에게 도서를 자유롭게 선택하도록 허용하면 인증제를 쉽게 통과하기 위해서 자기 독서 능력에 비해 쉬운 도서를 선택하는 문제가 발생한다. 인증은 받겠지만 학생의 독서 능력은 향상되지 않는다.

사실 권장도서 제도는 권장할 만한 것이 아니다. 그러나 수없이 쏟아지는 출판물 속에서 학생 스스로가 자신이 읽고 싶은 책, 읽어야 할 책을 선택하는 것은 무척이나 어려운 일이다. 본교에서는 읽어야 할 책의 수보다 넉넉한 종류의 권장도서 목록을 만들기는 했지만, 이렇게 모든 학생이 똑같은 권장도서 목록을 가지고 책을 읽는 일은 그리 바람직하지 않다.

더구나 현재 초등학교 독서교육이 개별 학생의 독서 능력이나 수준과 관계없이 실시되고 있다는 데 더 큰 문제가 있다. 독서 능력 측정을 위한 진단지의 부재, 텍스트 위주의 감상·표현 활동 등이 독서교육을 실시하는 데 어려움을 주는 요인들이다.[1] 특히 독서력이 뒤떨어지는 학생에게는 더욱 그러한데, 이로 인해 학생들 사이에 격차가 발생하게 된다. 같은 학년을 대상으로 하는 권장도서라 하더라도 1학년부터 착실

1 최장훈 외(2005), 〈멀티미디어 기술을 활용한 초등학교 수준별 독서지원 시스템 개발〉, 《정보교육학회논문지》 9(2).

하게 책을 읽은 학생은 그리 어렵지 않게 읽을 수 있지만, 그렇지 못한 학생들에게는 매우 어려울 수도 있다. 그러므로 학년별, 주제별 권장도서와 함께 학생 개인이 대출한 책이나 좋아하는 책에 대한 빅데이터를 이용하여 '개인 맞춤형 추천도서 목록'을 작성하는 프로그램 개발이 시급하다.

(2) 독서인증제

본교에서는 학생들이 제대로 된 독서를 하고 올바른 독서 습관을 갖도록 하려고 독서인증제를 시행하고 있다. 학년별로 배포된 학년별, 주제별 권장도서 목록 중 1~3학년은 50권, 4~6학년은 30권을 골라 읽고 생각노트에 정리한 후 사서교사의 검사를 통해 인증을 받는 제도로,

서울사대부초 독서기록장, 꿈을 담은 생각노트

1학년 때 6급을 받고 매년 한 등급씩 상승하여 6학년 때 1급이 되는 과정이다. 1급이 된 학생들은 졸업식에서 모범독서상을 받는다.

수상과 연결되기 때문에 생각노트 검사를 철저하게 하는 편이다. 성의 없이 생각노트를 작성하면 학생을 다시 불러 수정·보완하게 하여 기준을 통과한 생각노트만 인증했다.

2020년 마지막 생각노트 검사를 앞두고 사회적 거리두기가 3단계로 격상되면서 학생들의 등교가 중단되었다. 생각노트를 걷는 것이 불가능해졌다. 그러나 독서인증제를 위해 1년 동안 열심히 책을 읽고 기록한 학생들의 성의와 기대를 봐서라도 인증제를 거를 수는 없었다. 그래서 번거롭지만, 학부모가 직접 교문 앞 보안관실에 제출하거나 등기우편으로 제출하게 했다. 생각노트를 걷는 업무에만 오랜 시간이 걸렸다.

생각노트 기록을 모든 학생이 성실하게 하지는 않는다. 평소에도 검사하다가 성실하게 하지 않은 학생은 불러서 다시 정리해서 제출하도록 했는데, 2020년에는 이 과정 자체가 너무 힘들었다. 그리고 1년 동안 등교가 들쭉날쭉하여 띄엄띄엄 검사하다 보니, 재검사를 받아야 할 학생이 예년보다 훨씬 더 많았다. 팬데믹 상황을 고려하더라도 그냥 통과시킬 수 없는 학생이 많았다. 그 학생들에게 생각노트를 가져가서 다시 정리하여 제출하게 하는 과정이 너무 힘들었다. 학부모가 시간이 자유로워 언제든지 가지러 오고 가져다줄 수 있는 경우도 있지만, 그런 여건이 아닌 학생도 있어 매우 안타까웠다.

2020년에는 재검사 양이 적은 학생들에게는 사진을 찍어 패들렛에 올려 검사를 받도록 했다. 인터넷 환경에서 조금 더 편하게 제출하고 첨삭 지도까지 가능한 환경을 만들면 좋겠다고 생각했다. 현재 독서교육종합지원시스템을 활용해서 지도하는 것이 대안이지만, 여기서는 학생들이 자필로 글을 쓰지 못한다는 아쉬움이 있다. 학생들이 자필로 작성하고 그걸 사진으로 찍어서 올리면 거기에 바로 첨삭도 할 수 있도록 시스템을 보완했으면 한다.

(3) 추천 카드 쓰기

수없이 쏟아져 나오는 출판물 중 내가 읽고 싶은 책을 고르는 일은 꽤 힘들다. 더군다나 초등학생은 몇 번의 시행착오를 겪고 실패를 하다 보면 독서에 흥미를 잃어버릴 수도 있다. 그래서 학년마다 권장도서 목록을 개발하여 학생들에게 배포하고 있다. 그러나 도서관의 장서는 약 2만 5000권인 데 비해 학년별 권장도서는 6개 학년을 다 합쳐도 800여 권밖에 안 된다는 아쉬움이 있다. 대부분의 학생들은 독서인증제에 부합한 권수의 책을 읽으면 다른 책을 읽지 않게 된다. 그것은 인증제에 참가한 피로도 문제도 있겠지만 다른 책을 고를 수 있는 능력이 없어서 이기도 하다.

'추천 카드 쓰기'는 학생이 직접 책을 추천하는 프로그램이다. 학생들은 권장도서 외의 학교도서관 도서를 대출해서 읽고 그 책을 소개하는 추천 카드를 기록하여 학교도서관에 제출한다. 도서관에서 그걸 모아 '서울사대부초 추천도서'를 제작하여 학생들이 자유롭게 볼 수 있게 비치하고 '추천의 벽'에도 게시하여 친구들이 추천한 책을 선택하여 읽을 수 있게 유도한다.

그간 학생들이 자유롭게 도서관에 올 때는 책을 직접 보고 선택하여 추천 카드를 작성했지만, 도서관의 공간적 단절로 인해 도서관에 올 수

추천 카드 쓰기 행사 결과물 (왼쪽부터 2018년, 2019년, 2020년)

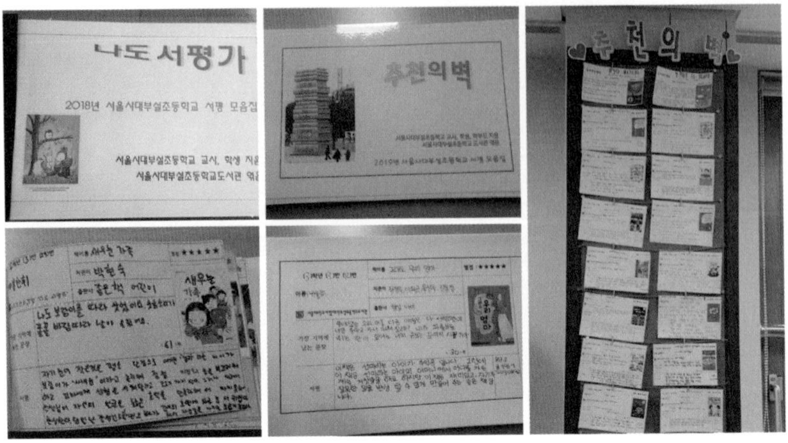

없게 되자 학생들이 책을 고르는 것을 많이 어려워했다. 그래서 그 대안으로 '북 백신' 프로그램을 개발했다. 사서교사가 학생들이 좋아할 만한 도서를 선택하고 학생이 해당하는 책을 대출할 때 추천 카드를 함께 주었다. 학생은 그 책을 읽고 추천 카드를 작성하여 책을 반납할 때 함께 제출했다. 그러나 이것은 또 하나의 권장도서 목록을 제시하는 것이라, 학생들이 자유롭게 책을 선택하는 방법에 비해 덜 바람직하다. 학생들이 직접 도서관에 오게 되면 구석구석에 재미있는 책을 찾아내어 추천도서를 작성했는데, 팬데믹 상황에서는 그럴 수 없었다. 또한 추천의 벽에 게시해도 학생들이 도서관에 올 수 없으니 게시된 추천 카드를 볼 수도 없다.

학생들이 자유롭게 책을 선택하고 추천 카드를 작성하여 제출하면, 다른 학생들이 그걸 자유롭게 볼 수 있는 인터넷 환경을 만들어야 한다. 이것은 독서 활동을 잘하는 학생들이 그렇지 못한 학생들에게 책

선택에 도움을 주어 격차를 해소할 수 있게 할 것이다. 아무래도 교사가 선정한 추천도서보다는 친구가 추천한 도서가 학생들에게 더 쉽게 다가올 것이기 때문이다.

이후에는 이 프로그램을 '내 인생의 책을 소개해요'로 변경하여 진행할 예정이다. 학생들에게 '내 인생의 책' 카드를 세 장씩 나눠주고 그걸 작성해서 도서관에 제출하도록 계획하고 있다. 학년별, 주제별 권장도서 목록의 책을 제외하고 자신이 재미있게 읽었던 책을 소개하되, 학교도서관의 소장 여부와 관계없이 책을 고를 수 있게 한다. 프로그램이 끝난 후 학생들이 소개한 책 가운데 학교도서관이 소장하지 않은 책은 최대한 구매하려고 한다.

(4) 책 읽어주는 선배

'책 읽어주는 선배'는 고학년으로 구성된 '어린이 스토리텔러' 독서동아리 회원들이 그림책을 읽고 토론하고 독서 활동을 한 후 1, 2학년 교실에 가서 동생들에게 책을 읽어주는 프로그램이다. 이 프로그램을 통해 고학년 학생들은 어릴 적 읽던 그림책을 다시 접하면서 정서적 회복을 할 수 있다. 또한 친구들과 책을 꼼꼼히 읽으면서 토론하고 책을 제대로 읽는 방법을 터득하여 독서 흥미를 불러일으킬 수 있다. 학생들은 1, 2학년 때 자기 교실에 와서 책을 읽어주는 선배들의 모습을 보고 자신도 고학년이 되면 '어린이 스토리텔러'가 되겠다는 바람을 갖는다.

2020년에는 학생들이 자기 교실이 아닌 다른 교실에 들어가는 것이 허락되지 않아 어린이 스토리텔러들이 1, 2학년 교실에 갈 수 없어 이 프로그램이 중단되었다. 그러나 많은 교사와 학부모 그리고 그동안 어린이 스토리텔러가 되고 싶어 하던 학생들이 아쉬워해, 2021년에는 교실에 가서 책을 읽어주던 것을 오디오북 제작으로 변경해서 계획했다. 현재 어린이 스토리텔러를 선발해서 프로그램을 진행하고 있으며, 2학기에는 멋진 오디오북이 완성되어 저학년 교실에서 들려줄 수 있을 것이다. 여기서 더 나아가 과거 1, 2학년 대상 그림책만 하던 것에서 3, 4학년 대상 창작동화를 추가하기로 계획했다.

2021년에는 이 프로그램에서 아주 큰 변화가 있었다. 바로 '어린이 스토리텔러'를 선발하는 기준을 변경한 것이다. 예전에는 책도 많이 읽고 또박또박 잘 읽는 우수한 학생들 위주로 선발했다. 하지만 '격차 해소'에 대한 연구를 진행하면서 선발 기준을 바꿨다. 우수한 학생과 함께, 실력이 안 되더라도 용기를 가지고 지원한 학생들도 선발해서 훈련을 시키고 있다. 그런 학생들은 잘하는 학생들 사이에서 자신의 몫을 충실히 수행하면서 독서에 대한 흥미와 호기심이 점차 커지고 있다. 이런 사례는 그동안 독서를 멀리했던 다른 학생들에게 '나도 할 수 있다.'라는 자극제가 될 것이라 믿는다. 이처럼 격차 해소라는 관점을 반영하면서 도서관 프로그램도 조금씩 진화하고 있다.

어린이 스토리텔러들이 오디오북 녹음하는 모습

(5) 학교도서관 자료 대출 행사

본교 도서관에서는 2020년부터 인터넷 대출 예약을 받아 학생들이 신청한 책을 교실까지 배송하고 있다. 이 시스템을 운영하다 보면 집에서 학부모의 도움을 받을 수 있는 학생과 그렇지 못한 학생과의 격차가 확연히 드러난다.

2020년 학년별 도서 대출 통계

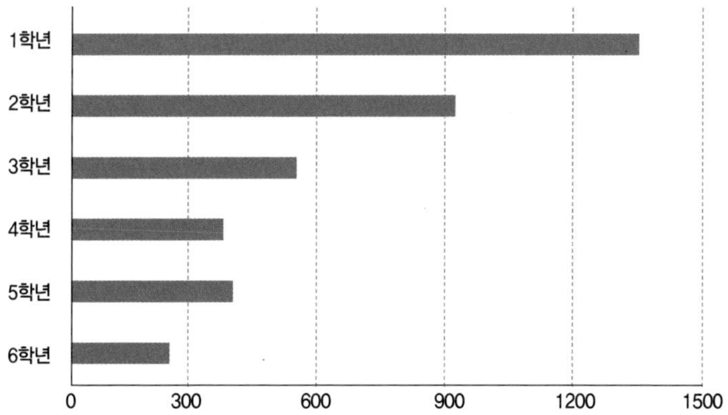

위 그래프에서 드러나듯 주로 학부모가 예약해 주는 1, 2학년의 대출 권수와 학부모의 손을 덜 타는 3학년 이상의 대출 권수가 현저하게 차이가 난다. 실제로 2020년은 학부모가 대출 신청을 하는 저학년은 꾸준히 대출이 이루어졌지만 직접 대출 신청을 해야 하는 5, 6학년의 경우 대출이 현저하게 적었다. 물론 저학년과 비교하여 고학년이 페이지 수가 많은 책을 읽으므로 시간이 더 걸리기는 한다. 그러나 그것을 고려하더라도 그 차이는 실로 심각하다. 앞서 언급한 바대로 초등학교 독서는 독서량이 중요하기 때문에 되도록 학생들이 책을 많이 읽게 하기 위한 프로그램이 필요하다.

서울사대부초 도서 대출, 반납 방법

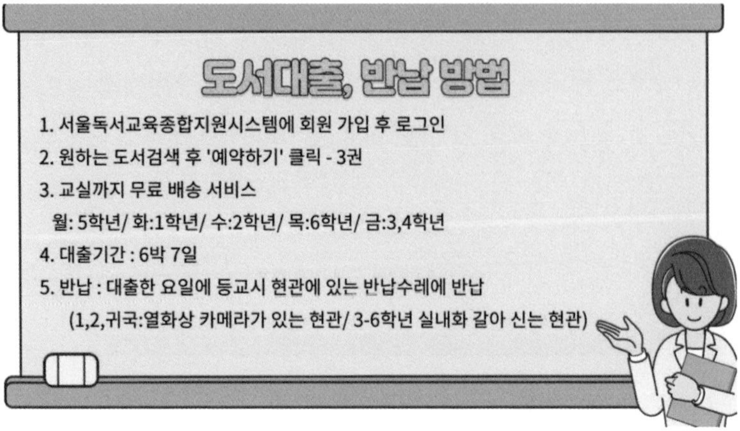

학생들에게 대출 방법에 대해 수업 시간에도 지도하고 가정통신문을 통해 자세하게 안내도 했지만, 2020년 이전에 자유롭게 도서관을 드나들면서 자신이 원하는 책을 골라 대출하는 것에 비해 대출 권수가 현저하게 줄었다. 그래서 2021년에는 무엇보다 학생들이 대출을 많이 할 수 있도록 프로그램을 신설했다.

2021년에 신설한 도서관 행사 포스터

'어린이날 기념 대출 잔치'는 어린이날이 포함된 주에 대출 예약을 한 학생들에게 작은 선물을 증정하는 프로그램이다. 그 이전에는 주당 약 250권이던 대출이 행사 기간에는 약 700권으로 증가했다. 이 행사 덕분에 많은 학생들이 대출 예약 방법을 터득하게 되었다.

'찰칵찰칵 대출하고 인증샷 올려요!'는 권장도서 외의 도서 중 제시된 조건에 맞는 도서를 검색하여 대출한 후 그 책에 대한 간단한 감상과 함께 사진을 찍어 패들렛에 올리면 선물을 주는 프로그램이다. 1, 2학년은 책 이름에 '서', '울', '사', '대', '부', '초' 글자가 들어간 도서 찾기, 3~6학년은 '가족', '사랑', '이웃', '환경' 등의 주제 도서 찾기 등을 조건으로 제시했다. 학생들이 좀 더 재미있게 책을 선택하도록 해서 관심을 유도하려는 목적이었다.

(6) 공공도서관과의 협력

본교의 특성상 학생들 거주지는 서울시 전역에 해당한다. 그래서 사실 코로나19 이전에도 방학 때는 학교도서관보다 공공도서관 이용을 권장했다. 저학년과 비교하여 상대적으로 학교도서관의 책을 대출하지 않는 고학년 학생들에게 어떻게 책을 구해 독서인증제를 준비하는지 물었더니, 몇몇 학생들이 집 근처 공공도서관을 이용한다고 답을 했다. 물론 소수였다.

하지만 공공도서관과 협력한다면 학교도서관의 공간적 단절이 있다 해도 학생들의 독서력 저하를 막을 수 있다. 몇몇 공공도서관과 협력하여 우리 학교 권장도서 목록을 공유하고 그 도서관을 이용하는 것을 증명하는 방법을 고안하여 공공도서관을 많이 이용하는 학생에게 선물이

나 상을 주는 프로그램을 시행할 수 있을 것이다. 앞으로 좀 더 적극적으로 공공도서관과 협력하는 프로그램을 구상할 예정이다.

학교가 멈추지 않는 한 도서관도 멈추지 않는다

연구의 결론을 내기에는 다소 짧은 기간이었다. 그래서 1학기에 이어 2학기까지 프로그램을 운영하고 그 결과를 반영하여 프로그램을 보완할 예정이다.

서울사대부초는 교육 행사가 많은 학교이다. 행사로 학생들의 교육적 흥미를 유발하고 학생들이 행사에 직접 참여하는 과정에서 성취감을 얻기 때문에 학생들은 교육 활동을 지속하려는 끈기를 갖게 된다.

그러나 코로나19로 학교 행사가 많이 줄어들었기에 온라인으로 진행이 가능한 도서관 행사에 많은 관심을 두었고, 그 결과 도서 대출이 다시 증가했다. 도서 대출 증가는 학생들 독서량의 증가로 이어진다. 인터넷 예약 후 교실까지 대출 도서를 가져다준다고 하니 뭐가 어려운가 생각하는 사람도 있겠지만, 초등학생들이 책을 직접 보지 않고 고르는 것은 매우 어려운 일이다. 그래서 거의 권장도서만 대출하고 있다. 더 다양한 도서에 관심을 가지게 하려고 권장도서 외의 도서를 선택하도록 유도하는 프로그램을 시행했다.

아이를 독자(讀者)로 만들려면 집 안 곳곳에 아이가 읽을 수 있는 책을 두라고 한다. 학생들이 책을 접하는 횟수가 그만큼 중요하다는 말이다. 팬데믹 이전과 같이 대출에 대한 보상이 없을 때는 학부모의 도움을 받는 학생들이 주로 대출을 했지만, 선물과 함께하는 대출 행사를 열었더니 그간 관심이 없던 고학년까지 관심을 가졌다. 이런 행사를 통해 학생들이 대출 예약을 경험할 수 있었고 책과 좀 더 많은 시간을 갖고 가까워질 수 있었다. 이렇게 되면 학생들의 독서량도 분명 늘어나리라 생각한다.

학생들의 독서력을 높이기 위해서는 학교의 개입이 필요하다. 학생들을 끊임없이 지도하여 독자로 만드는 것이 학교도서관의 필수적 임무라고 생각한다. 그래서 교실마다 도서관 행사 포스터를 붙이고, 담임 선생님께 행사 참여 홍보를 부탁했다. 가정통신문으로 행사를 안내하여 학부모들의 관심도 유도했다.

코로나19로 인해 학교도서관이 공간적으로 단절되어 학생들이 독서에 대한 흥미나 독서 습관 등을 잃게 된다면 학생들에게 그동안 해온 교육도 허사가 될 것이고 앞으로의 교육도 실패하기 쉽다. 왜냐하면 교육과 도서관은 유기적 관계이기 때문이다. 교육과 도서관은 서로 협력하여 교육을 완성한다고 할 수 있다.

우리는 한국전쟁 중에도 천막으로 교사(校舍)를 지어 교육을 멈추지 않았다. 교육이 멈추지 않는 한 도서관도 멈출 수 없으므로, 그때그때 바뀌는 환경에 적합한 학교도서관 프로그램을 위해 계속 연구하고 그 결과를 실행으로 옮겨야 할 것이다.

11
정보활용능력 향상을 위한 사서교사의 역할

최예윤

최예윤

2005년 학교도서관을 처음 마주했고, 2020년에 서울사대부고에 부임했다. 2017년 '학교도서관의 도서반 활동이 학생들에게 미치는 마케팅 효과 분석 연구'를 진행했고, 학교도서관 경영의 마케팅 분야와 도서관 활용 수업에 큰 관심이 있다. 학생들이 도서관을 지적 호기심의 해소 장소로 이용하길 바라는 마음에 이 글을 썼다.

정보활용능력 향상을 위한 사서교사의 역할

서울대학교 부설학교 사서교사 임용 기준에는 다른 공립학교 임용에는 없는 '도서관 활용 수업 활성화가 가능한 자'라는 문구가 있어서 마음을 울렸다. 학교도서관에서는 학생들이 즐겁게 참여할 수 있는 행사도 중요하지만, 도서관에 지속해서 올 수 있도록 '도서관 활용 수업'을 더 활발하게 진행해야 한다. 도서관 활용 수업을 통해 정보를 탐색하고 활용하는 방법을 배운 학생들은 다른 과제를 해결하기 위해서 또 도서관을 찾기 때문이다.

코로나19의 여파로 학생들은 학교도서관을 많이 이용하지 못했다. 2020학년도에는 비대면 대출로 겨우 도서관을 개방했다. 그러나 학생들과의 라포르가 형성되지 않은 상태에서의 비대면 대출은 학생들에게 필요한 정보를 명확히 파악할 수 없었기에 단순한 대출·반납으로 그치는 경우가 많아 아쉬웠다.

어린 시절 나는 호기심 많은 아이였다. 호기심만큼 질문도 많았지만,

그 질문을 충족시켜 줄 만한 매체가 없었다. 중학교 시절 질문이 많은 나에게 어떤 선생님께서는 쓸데없는 질문 그만하라고 말씀하셨다. 그 이후 나의 질문은 멈췄던 것 같다. 고등학교 때는 도서부를 하면서 매일 책을 읽으며, 책에서 새로운 세상을 만나는 재미가 컸다. 공부 이상이었다. '우리 학생들의 호기심은 무엇이 채워줄까?'라는 궁금증이 생겼다.

〈로렌조 오일(Lorenzo's Oil)〉은 실화를 바탕으로 한 영화이다. 오돈 부부의 아들 로렌조가 희귀한 병에 걸린다. 의사는 치료법이 없다고 말하지만, 부부는 병에 대해 직접 알아보기 위해 도서관으로 향한다. 아들의 병에 관한 자료를 찾던 오돈 부부는 원하는 정보가 없자 도서관 사서에게 정보를 요구했고, 사서는 다시 한번 원하는 정보를 묻고 부부를 진정시킨다. 부부가 식사를 마치고 오자 사서는 자신이 찾은 정보와 메모를 건넨다. 영화 속의 아버지 오거스트는 사서에게 원하는 정보를 요구한다. 우리 학교의 학생들은 어떨까?

'정보활용능력(Information literacy)'은 정보를 요구하는 것에서부터 시작한다. 그동안 학생들은 사서교사의 부재로 인해 학교도서관의 교육서비스를 제대로 경험하지 못했다. 교과교사 또한 사서교사와 도서관 협력 수업을 진행한 경험이 없었다. 한마디로, 학생과 교사에게 사서교사의 역할이 제대로 인식되지 못한 상황이었다. 나는 다양한 과제를 해결하기 위해 도서관을 찾은 학생들을 지도하며 학생 개인의 정보활용능력 격차를 절감했다. 이 문제의 해결 방안을 모색하기 위해 이 연구에 참여했다.

정보활용능력의 격차와 도서관의 역할

(1) 정보활용능력의 격차 발생

2020년에 등교를 시작하면서 수학 과제로 확률과 통계에 관련된 책을 읽고 독후감을 쓰는 2학년 학생들이 있었다. 도서관에 내려온 학생들이 처음 하는 말은 대개 이랬다.

"선생님 대출하러 왔어요."

"수학 수행평가가 있는데요, 수학책은 어디 있어요?"

확률과 통계와 관련된 책이 필요하다고 명확히 요구하는 학생들은 거의 없었다. 수학 선생님과 통화 후 과제를 파악하고 학생들에게 확률과 통계에 관련된 도서를 찾아주려고 했으나, 벌써 발 빠른 학생들이 거의 모든 책을 대출해 간 상태였다. 그래도 포기하지 않고 분류번호 410번대(수학) 서가의 책을 모두 살펴보며 학생들 한 명 한 명에게 재미있게 읽은 책을 물어보고 그 수준에 맞는 책을 골라주었다. 학생들이 내게 직접 요구한 것은 아니었지만 학생들에게 '확률과 통계'에 관한 정보가 필요하다는 사실을 알고, 그 요구에 맞게 책 제목과 목차를 살펴보며 원하는 책을 찾는 경험을 하도록 이끌어주었다.

정보활용능력은 자신의 정보 요구를 파악하여 정보 과제를 명확히 설정하고, 문제 해결에 필요한 정보를 탐색, 분석·해석하고, 종합·표현하여 새로운 지식과 정보를 창출하여 전달하는 일련의 과정을 통해 문제를 해결하는 능력이다.[1] 도서관을 이용하는 학생들과 이야기하며, 우리 학교 학생들은 자신이 원하는 정보 요구를 파악하고 요청하는 경험과 능력이 부족하다고 판단했다. 도서관을 이용하는 학생들에게 "재미있게 읽은 책은 어떤 책이야?", "즐겨 보는 유튜브 채널이 있어?", "요즘 하는 게임은 뭐야?" 등의 질문으로 학생들의 관심사를 파악하고 라포르를 형성하여 과제 및 수행평가에 관련된 책들을 적절히 추천해 줄 수 있었다. 하지만 도서관에 아예 오지 않는 학생에게는 제공할 수 없는 교육 서비스였다. 도서관에서 사서교사의 교육 서비스를 경험한 학생들과 경험하지 못한 학생들 간의 정보활용능력 격차가 발생했다.

강봉숙의 연구[2]에서는 정보활용능력 격차 완화를 위해 경제적으로 열악한 환경의 학교에 도서관 서비스를 투입하여 학교별 교육 격차에 따른 정보활용능력 격차를 완화할 수 있는지 검증했다. 그 결과 학교도서관 핵심 서비스인 정보활용교육으로 정보활용능력 격차 완화의 가능성을 검증했다. 국민독서실태조사(2019)에 따르면 학교도서관 이용 목적에서 도서관 활용 수업은 고등학교 1학년 11.6명, 2학년 5.3명, 3학년 3.9명으로 현저히 낮은 통계를 보여 도서관 활용 수업을 통한 정보 활용 교육이 이루어지지 않음을 알 수 있다.

본교는 2020년 이전에 사서교사의 부재로 인해 도서관 이용 교육과 도서관 협력수업이 전혀 이루어지지 않았다. 체계적인 정보활용교육도 이루어지지 않았다. 이로 인한 교육 격차를 완화하는 방법으로 도서관

1 이병기(2020), 《정보활용교육론 제3판》, 태일사.

2 강봉숙(2018), 〈교육격차에 따른 정보활용능력 격차 완화를 위한 학교도서관 교육 서비스 사례 연구〉, 《한국도서관정보학회지》 49(3).

협력수업을 활성화하는 것이 학교도서관의 역할이라고 생각한다.

(2) 코로나19 상황에서 더욱 커진 격차

코로나19 속에서 1년을 넘게 근무하며 학생들이 과제를 해결하는 과정에서 도서관 자료를 원활히 이용하지 못하는 행태를 발견했다. 비대면으로 대출·반납 및 독서 상담을 할 수 있는 채널을 만들었지만 학교도서관 이용과 사서교사의 교육 서비스 경험 부족으로 도서관 이용도는 좀처럼 높아지지 않았다.

2021학년도 신입생에게는 거리두기로 인해 도서관 밖의 더 넓은 장소에서 1차시 이용 교육을 진행했다. 도서관에서 이용 교육을 진행했다면 직접 청구기호에 맞는 책을 찾아보고, 도서관에 있는 컴퓨터를 이용하여 학술논문 사이트나 국립중앙도서관 등에서 정보검색을 실습해 볼 수 있었겠지만 직접 해보지 못한 아쉬움이 남았다. 이용 교육을 진행하고도 잦은 코로나19 확진자 발생으로 도서관 이용 빈도가 낮았고, 대면으로 대출할 때도 도서를 직접 찾고 자료를 이용하는 데 많은 어려움을 겪었다.

도서관에서 대면 대출을 하며 나누는 이야기에서 학생에 대한 정보를 많이 얻게 된다. 학생의 대출 기록을 통해 독서 취향을 알 수 있고, 책을 반납할 때 책에 대한 소감을 물으며 책에 대한 평도 함께 나눌 수 있다. 학생의 정보를 파악하면, 그에 알맞은 도서 추천 및 과제 해결에 도움을 줄 수 있다. 하지만 코로나19 상황으로 비대면 대출을 하면서 학생과의 대화가 단절되는 현상이 빚어졌다. 도서관 이용에 대한 한계가 생기면서 도서관을 이용하는 학생과 이용하지 않는 학생 사이에 격차가 많이 벌어졌다.

(3) 도서관 협력수업을 통한 정보활용능력 향상

교육부에서는 교과교사와 사서교사의 협력 수준에 따라서 도서관 협력수업의 모형을 단순협력형, 일반협력형, 밀접협력형 등 3가지로 구분하여 설명하고 있다.

단순협력형은 교과교사가 사서교사에게 자료 준비만을 부탁하는 경우로서, 교과교사와 사서교사가 도서관 협력수업에 대한 구체적인 상의나 기대 없이 단지 과제 해결에 필요한 자료의 비치를 요구하는 방식이다. 일반협력형은 교과교사가 독서 자료에 대해 문의하고 사서교사가 이에 대해 자세한 자료를 제시하는 경우이다. 이를 기반으로 교과교사는 수행평가 과제를 학생들에게 제시하고, 사서교사는 해당 학습 자료를 구입·비치하고 쉽게 탐색할 수 있도록 도와주는 역할을 한다. 밀접협력형은 도서관 협력수업의 가장 이상적인 형태로 수업 계획과 단원 설정, 학습 자료 준비를 교과교사와 사서교사가 함께 하고 학생들이 제출한 보고서에 대한 평가까지도 공동으로 수행하는 협동수업 형태이다.[3]

학생들에게 도서관 이용 경험을 늘려주고, 정보활용능력을 높여주기 위해 교과교사와 함께 도서관 협력수업을 계획했다. 학생들이 원하는 정보를 찾고자 할 때 어떤 정보원을 이용할 수 있는지, 찾은 정보를 어떻게 활용할 수 있는지 알도록 하는 게 목표였다. 밀접협력형으로 '독일어

3 교육부(2003), 《학교도서관운영편람》.

문화' 주제 탐구 협력수업, 일반협력형으로 '영미문학 읽기' 협력수업을 진행했다.

독일어 문화 주제 탐구 협력수업

- 대상 학년: 1학년
- 지도 교사: 독어교사 배가빈, 사서교사 최예윤
- 주당 시수: 8시간
- 수업 내용: 독일어 문화 주제 탐구 도서관 협력수업을 통해 독일어권 일상생활에서 경험할 수 있는 사회문화를 이해하고 활용할 수 있으며, 독일 문화 정보 길잡이를 활용하여 학교도서관, 국립중앙도서관, 학술지 검색 사이트 등에서 키워드를 검색하여 필요한 정보를 찾고, 수집한 정보를 활용하여 리플릿 형태의 결과물을 제작하고 발표할 수 있다.

독일어 문화 수업에 참여하는 학생들을 대상으로 수업 전 정보활용능력 설문조사를 진행했다. 본 진단 도구는 도서관 이용 및 정보활용능력 진단 도구(한국교육학술정보원, 2003)에서 도서관 이용에 관한 부분이나 유사 질문은 삭제하거나 통합하여 5개 영역 21문항으로 정리하고, 알고 있는 정보원과 사용해 본 정보원을 묻는 문항을 추가했다. 독일어 문화 수업을 듣는 1학년 132명을 대상으로 설문한 결과 정보 탐색·접근 능력 중 '학습 과제 해결을 위한 책 읽기'와 '독서 목적 이외의 학교도서관 방문' 빈도가 가장 낮게 나타났다.

수업 전 정보활용능력 설문조사 결과

영역	설문 문항	평균
정보 탐색 접근 능력	학습 과제 해결을 위해서 주로 책을 읽는 편이다.	2.49
	과제 해결에 적합한 자료를 도서관이나 인터넷을 이용해서 스스로 찾을 수 있다.	3.94
	과제 해결을 위해서 책, 신문, 잡지, 인터넷 자료, CD, DVD 등 다양한 자료를 이용한다.	3.47
	과제 해결을 위해서 책보다는 인터넷을 주로 이용하는 편이다.	4.38
	독서 목적 이외에도 학습 과제를 해결하기 위해 학교도서관을 자주 이용한다.	2.46
정보 분석 이해 능력	책, 신문, 잡지 기사 등 읽기 자료의 종류나 읽는 목적에 따라서 부분 읽기, 전부 읽기를 적절하게 사용할 수 있다.	3.37
	찾아낸 정보가 해결해야 할 과제에 어느 정도 도움이 되는지 판단할 수 있다.	3.73
	찾아낸 정보가 사실인지 저자의 의견인지를 구분할 수 있다.	3.60
	과제 해결에 이용하는 책, 신문, 잡지, 인터넷 등 다양한 자료의 장점, 단점을 알 수 있다.	3.66
	과제를 해결하기 위해 가능한 다양한 정보를 수집하고 문제가 해결될 때까지 끈기 있게 해결하려고 노력한다.	3.65
정보 종합 적용 능력	읽은 내용을 해결할 과제에 맞추어 종합할 수 있다.	3.78
	읽은 내용을 도표로 정리하거나 연대순, 주제 분야별로 재구성할 수 있다.	3.47
	찾아서 분석한 정보를 바탕으로 다양한 아이디어를 만들어낼 수 있다.	3.59
	찾아서 분석한 정보를 바탕으로 고정관념에서 벗어나 새로운 해결책을 찾아낼 수 있다.	3.60
정보 표현 전달 능력	종합한 정보를 이용하여 보고서(글쓰기)를 잘 작성할 수 있다.	3.71
	종합한 정보를 근거로 하여 자신의 의견을 말할 수 있다.	3.78
	종합한 정보를 이용하여 글쓰기 이외에 소리 자료, 그림 자료 등 다양한 형태로 표현할 수 있다.	3.69
정보 평가 능력	과제를 해결한 후에 자신의 과제 해결 과정에 대해서 스스로 점검한다.	3.52
	과제 해결 결과물을 다른 학생의 것과 비교하여 잘된 점과 잘못된 점을 판단할 수 있다.	3.76
	학습 결과에 주어지는 다른 사람의 비판을 받아들인다.	3.85
	학습 진도를 스스로 평가할 수 있는 능력을 지니고 있다.	3.73
정보원 체크	내가 알고 있는 정보원을 표시해 주세요.	
	내가 사용해 본 정보원을 표시해 주세요.	

이례적인 코로나19 상황 속에서 수업 대상이었던 1학년은 격주 등교를 하고, 잦은 확진자 발생으로 수업 계획부터 차질이 빚어졌다. 최대

한 대면수업 때 진행하도록 미리 일정을 조율했으며, 교과교사와 구글 문서를 활용하여 서로 협업하여 피드백을 주고받으며 준비해 나갔다. Big6 모형을 활용하여 총 6차시의 수업을 준비했다.

독일어 문화 도서관 협력수업 과정

1차시	독일어 협력수업 주제 설명, 모둠별 주제 선정, 역할 분담, 마인드맵
2차시	독일어 협력수업 정보원, 독일 주제 리플릿을 만들기 위한 자료 조사 및 정리
3차시	모둠활동(자료 조사 및 정리)
4차시	모둠활동(리플릿 제작 방법 안내, 모둠별로 리플릿 제작)
5~6차시	모둠별 발표 및 평가서 작성

우선 수업 주제를 선정했다. 사서교사의 중국어 문화 협력수업 경험과 《학교도서관 활용 수업 2》를 참고하여, 교과교사가 중요하다고 생각하는 주제에 사서교사가 과제의 조건들을 피드백하며 주제를 선정해 나갔다. 모든 과정에서 마찬가지겠지만, 주제 선정 과정에서 교과 지식의 전문가인 교과교사 시선에서 벗어나 학생의 관점에서 사서교사가 함께 주제를 생각하는 것이 학생들에게 다양한 주제를 선택할 기회를 줄 수 있다고 생각한다. 총 17가지 주제를 선정했으며, 주제에 따른 정보 길잡이를 준비했다. 정보 길잡이는 협력수업에서 사서교사가 준비할 수 있는 최상의 자료이다. 키워드, 참고문헌 작성법, 종합 데이터베이스 및 검색엔진, 과제 관련 웹사이트, 그리고 17가지 주제에 관련된 도서와 해제를 붙여 작성했다.

수업과 관련된 도서는 학교도서관 소장 도서와 독일어 교과실에 있는 도서로는 부족했다. 수시 구매로 도서를 사도 모둠별로 겹치는 주제 내용이 있어서 인근 공공도서관을 방문하여 87권의 도서를 기관 대출한 것이 큰 도움이 되었다.

정보 탐색 및 정리를 위해서 도서관 노트북 6대, 검색용 PC 4대, 그리고 독일어 교과실에서 준비한 아이패드를 개인에게 나눠주어 해결하도록 했다. 모둠별 협력이 필요한 과정이었지만 수업 중에도 학생들의 거리두기가 진행되고 있었다. 그래서 온라인 매체를 적극적으로 활용하여 패들렛에 주제를 적어두어 실시간으로 원하는 주제에 댓글을 다는 방법으로 모둠을 짰고, 구글 문서를 활용하여 모둠별 활동지를 미리 만들어두었다. 또한 결과물인 리플릿 양식은 미리캔버스로 손쉽게 만들 수 있도록 설명을 준비했으며, 인근 도서관에서 실제 리플릿을 직접 가져와서 학생들이 볼 수 있도록 안내했다.

(1) 주제 설명 및 모둠 구성

1차시 수업에서는 교과교사가 PPT로 주제를 설명하고, 패들렛으로 주제 선정 및 모둠 구성 그리고 역할을 분담하는 수업을 했다. 먼저 17개의 주제와 필수적으로 해야 할 과제들을 제시해 주었다. 한 주제에 편향되지 않도록 학생들을 지도하는 과정에 시간이 많이 소요되었다. 이때 사서교사는 주제를 결정하지 못한 학생들을 둘러보며 주제에 대한 이해를 도왔으며, 종이와 사인펜을 나눠주고 모둠별로 주제와 관련된 마인드맵을 작성하도록 지도했다. 주제 발표 전 나눠준 정보 길잡이를 통해 따로 비치해 둔 관련 도서 가운데 책을 찾고 목차를 살펴보며 알고 있는 것 중심으로 마인드맵을 작성하도록 안내했다.

마인드맵 작성 과정에서 학생들은 모둠이 정한 주제와 관련된 내용을 정리하기 어려워했다. 교과교사와 사서교사가 함께 순회하며 주제와 관련된 정보를 책의 목차와 인터넷 자원에서 찾아보도록 지도했다.

(2) 정보검색 방법과 활용, 그리고 출처 알기

2차시는 정보검색 방법과 활용, 그리고 출처에 대한 수업을 진행했다. 먼저 학생들에게 Big6 정보 활용 단계에 대한 이해를 돕고, 검색 기능의 두 유형인 통합검색과 상세검색, 검색 언어 유형인 일상어와 전문용어에 관해 설명했다. 또한 구글 문서를 활용해서 찾은 자료를 기록·관리하는 방법을 안내했다. 정보검색 방법으로는 독서교육종합지원시스템을 이용하여 학교도서관의 도서를 검색하는 방법, 신문기사 및 논문자료 검색 및 이용 방법, 포털사이트의 상세검색 기법, 협약을 맺고 있는 국립중앙도서관의 원문 이용 방법, 그리고 검색한 자료의 참고문헌 작성법 등을 지도했다.

첫 시간에 마인드맵을 완성한 모둠이 거의 없어 독일어 교사와 사서교사가 함께 순회하며 모둠별로 정한 주제를 확장해 나갈 수 있도록 정보 길잡이에 나온 책의 목차와 필요한 내용을 살펴보며 발췌독 방법과 필요한 내용을 정보분석지에 정리하는 방법 등을 지도했다.

(3) 자료 조사

3차시는 학생들이 1~2차시에 작성한 마인드맵과 정보분석지를 바탕으로 역할을 나누어 자료 조사를 진행했다. 주제에 대해 세분된 역할을 나누지 못해 서로 중복된 정보를 정리하고 있는 모둠이 많이 발견되어 교과교사와 함께 순회하며 자료 조사의 과정에서도 역할을 잘 분담하도록 지도했다. 예를 들어 '독일 행사'를 조사하는 모둠에게는 대표

3차시 정보분석지 활동, 정보검색 활동

적인 축제를 검색하거나 정보 길잡이에 나온 책의 목차를 소개해 주고, 행사별로 조사하게 하거나 지역별 축제를 각자 조사하게끔 안내했다.

(4) 리플릿 제작

4차시 수업에서는 최종 제출물인 '리플릿 제작'에 대해 안내했다. 인근 도서관에서 가져온 실물 리플릿을 직접 보여주고, 간단하게 미리캔버스의 리플릿 양식에서 편집하는 방법을 안내했다. 미리캔버스 사이트를 활용하여 리플릿을 작성하면 모둠별로 협업을 할 수 있다는 장점이 있다. 또한 북아트 기법을 몇 가지 소개하여 학생들에게 최종 제출물에 대한 선택권을 넓혀주었다.

4월부터 1~4차시 수업을 진행하는 동안 지속해서 발생하는 코로나19 확진자로 수업이 원활하지 않았고, 5월에는 학교 교육실습생으로 인해 협력수업 대신 독일어 교과 진도를 나가야 했다. 설상가상으로 교과교사의 자가격리로 인해 지속적인 활동이 어려웠다. 또한 모둠활동으로 진행한 수업에서 학생 개인의 정보활용능력 격차와 향상도를 살펴보기란 쉽지 않았다.

(5) 발표

5~6차시 수업에서는 모둠별로 발표하고 수업평가서를 작성했다. 모둠원 모두가 리플릿에 대한 발표를 함께하고, 발표문도 미리 작성해 볼 수 있도록 지도했다. 평가서 작성을 통해 자신이 한 역할과 함께 과제를 수행한 친구들의 역할도 평가하도록 했다.

리플릿 결과물 예시

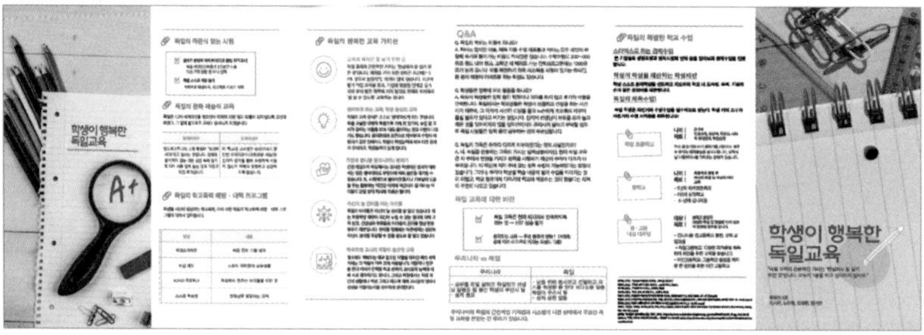

영미문학 읽기 협력수업

- 대상 학년: 3학년
- 지도 교사: 영어교사 김수진·김주언, 사서교사 최예윤
- 주당 시수: 2차시
- 수업 내용: 《The Giver》를 읽고 핵심 주제에 관한 논점을 정하여 비평하는 글쓰기를 하는 과정에서 올바른 참고문헌과 출처를 작성할 수 있다.

(1) 정보활용교육

영미문학 읽기 수업은 2020학년도에도 1차시로 정보활용교육을 진행한 바 있었다. 올해 수업 진행에서는 《The Giver》를 읽고 비평하는 글쓰기에서 참고 자료(도서, 논문, 기사 등) 활용 방법과 참고문헌 작성에 대한 정보활용교육 요청이 들어왔다. 협력수업 모델 중 일반협력형으로 진행했으며 1차시 정보활용교육 수업을 준비했다. 선택한 주제에 대한 참고 자료가 적어서 주제를 조금 폭넓게 진행할 수 있도록 협의했다. 독일어 문화 협력수업과 비슷하게 설문조사를 먼저 시행했으며, 추가 질문으로 각자 정한 주제와 과제 해결에 도움이 필요한 학생들이 정보 동의와 전화번호를 남길 수 있도록 항목을 추가했다.

수업 당일 사서교사가 능동 감시 대상자로 지목되어 교내에서 줌(ZOOM)으로 수업을 진행해야 하는 불상사가 발생했다. 수업 현장에서 정보활용교육 후 교실을 순회하며 학생들에게 직접적으로 피드백을 주는 활동이 가장 중요한데, 그걸 할 수가 없어서 너무 아쉬웠다. 수업 내용은 독일어 문화 수업 2차시 정보검색 방법과 활용 및 출처 알기와 유사하게 진행했다. 영어교사가 미리 준 과제의 주제에 맞추어 도서검색, 학술논문 검색, 신문기사 검색, 국립중앙도서관 원문 자료 이용 방법 등 다양한 자료 검색 방법과 참고문헌 작성법을 지도했다. 더불어 수업 과제 해결에 있어 도움이 필요한 학생들에게 비대면 면담 방법을 안내했다.

(2) 학생 면담

영미문학 읽기 A, B반 학생 중 총 15명이 개인정보 활용 동의와 전화번호를 남겼다. 학생들에게 개인 메시지로 면담 전 자신의 진로 방향, 수업 시간표, 주제를 적어서 카카오 채널 메시지로 보내라고 안내했다.

두 명의 학생이 면담을 요청했으며 각자 원하는 시간에 30분 이상씩 면담을 진행했다.

이연극, 최문헌 학생 과제 면담

학생	진로 방향	과제 주제	특징
학생 1 3학년 이연극	연극배우 영화배우	유토피아와 디스토피아	'생활과 윤리' 과제에서 《멋진 신세계》를 함께 읽고 유토피아와 디스토피아에 대한 이야기를 연결하려고 함.
학생 2 3학년 최문헌	독어독문 문헌정보	《The Giver》 속 언어의 적절성과 언어 통제의 결과	정보활용교육에서 설명해 준 키워드 검색을 명확히 이해하고 있었음. 하지만 어려운 주제로 참고문헌이 전혀 검색되지 않았음. 《The Giver》가 현대문학으로 참고 논문이 많지 않아 자료를 찾기 위해 입력하는 키워드 간의 관계를 나타낸 사전 시소러스를 설명해 주고 '소설-현대소설-문학'으로 상위어를 검색하도록 지도함. 검색되지 않았던 키워드가 무엇이었는지 알려주기로 함.

한 차례 면담 후 두 학생 모두 다른 과제 및 수행평가가 너무 많아 연이어 면담하는 활동을 부담스러워했다. 비대면 채널을 이용하여 다른 과제의 정보 활용에 대해서도 문의하게끔 학생들을 지도했다. 학생들에게 부담을 주면서까지 연구를 진행할 수 없어 두 학생에 대한 면담은 중단하게 되었다.

도서관 협력수업 평가와 학생들의 변화

독일어 문화 협력수업 발표 후 학생들에게 '독일어 문화 수행활동 자기평가 및 동료평가'를 해보도록 했다. 평가 항목은 교과 영역과 정보 활용 영역으로 나눴다. 평가는 7월 말까지 진행했으며 95명의 학생이 평가에 참여했다.

독일어 문화 수행활동 자기평가 및 동료평가

교과 영역	어떤 주제로 활동했나요?
	활동하면서 새롭게 배우고 느낀 점이 있나요?
	만약 기회가 된다면 어떻게 확장 탐구하고 싶나요?
	팀원의 이름은?
	자신이 맡은 역할과 모둠활동에서 스스로 잘한 점과 부족했던 점을 적어보세요.
	팀원의 이름을 적고 팀원에 대한 피드백을 남겨주세요. (예: 잘한 점, 부족한 점, 배울 점 등)
정보 활용 영역	내가 사용해 본 정보원을 체크해 주세요.
	수업 중 도움이 된 정보원을 체크해 주세요.
	도서관 협력수업에서 사서 선생님께 도움받은 경험이 있나요?
	도서관 협력수업에서 좋았던 점, 힘들었던 점을 자유롭게 적어주세요. (위의 도움받았던 경험을 적어도 좋아요!)

이 연구에서는 정보 활용 영역만 살펴보고자 한다. 첫 번째, 사용해 본 정보원으로는 구글이 가장 많았고, 두 번째로는 최종 결과물 제출 제작을 위한 미리캔버스가 많았다. 서울사대부고 도서관의 사용 빈도는 세 번째로, 주제와 관련된 도서가 없을 때는 국립중앙도서관의 원문 도서 검색을 이용했다.

도움이 된 정보원도 구글이 가장 높았다. 두 번째로는 서울사대부고

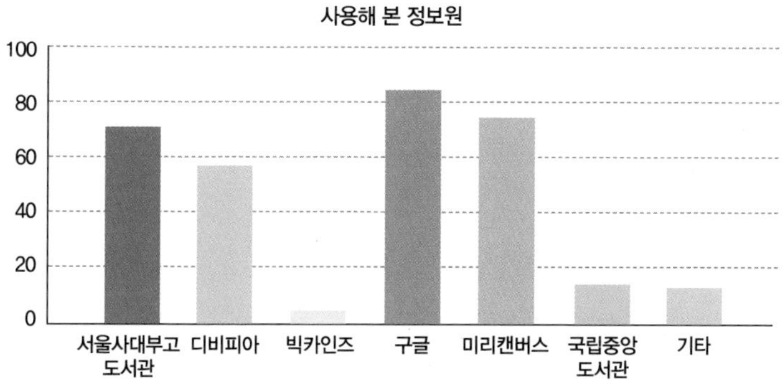

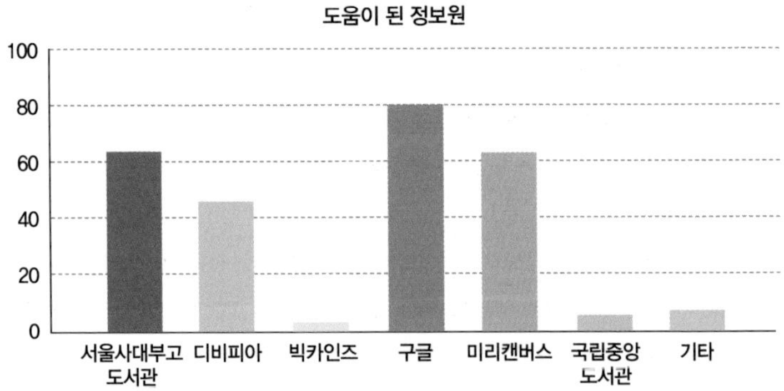

도서관 자료와 미리캔버스가 높았다. 빅카인즈는 뉴스 빅데이터 분석 시스템 사이트로, 학생들은 뉴스 자료는 일반 포털사이트를 이용하는 빈도가 더 높았다.

사서교사에게 도움받은 경험으로는 '정보 탐색 및 접근하기'의 영역이 1순위로 높았다. 모둠별 주제를 선정하고 정보를 탐색하는 과정에서 주제와 검색 키워드를 잘 연결하지 못하는 모둠을 순회하며 지도한 효과가 나타났다고 생각한다. 두 번째로 높은 순위는 '정보 종합 및 표현하기'였다. 미리캔버스라는 사이트를 통해 리플릿 만들기를 수업했지만,

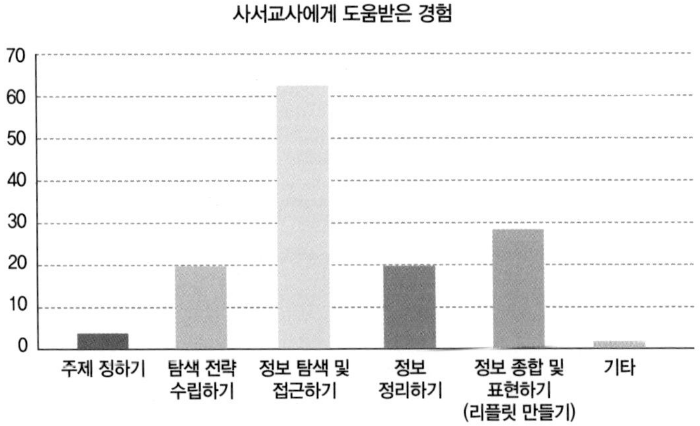

학생들이 직접 만들어보는 과정에서 어려움을 많이 겪었다. 이 부분도 교과교사와 함께 순회하며 모둠별 지도를 한 것이 학생들에게 도움이 되었다고 나타났다.

독일어 문화 협력수업을 통해 학생들은 무엇을 배우고 느꼈을까? 마지막 질문으로 수업에서 도움이 되었던 점과 힘들었던 경험을 서술형으로 적게 했다. 우선, 도움이 되었던 내용을 정리해 보았다. 학생들은 정보 활용 부분에서 자료를 검색하고 정리하는 과정에서 도움이 되었다고 했다. 또한 최종 제출물을 리플릿으로 제작할 때 어려움을 겪었는데, 순회하며 모둠별로 모두 피드백을 주었던 것이 좋은 효과로 나타났다. 무엇보다도 도서관 협력수업을 통해 학생들이 정보를 활용하는 경험을 모두 긍정적으로 평해준 것을 보며 보람을 느꼈다.

사서교사에게 도움받은 경험

- 도서관에 어떤 책이 있는지, 어떤 도움을 받을 수 있는지 확실히 알게 되어 좋았다. 미리캔버스로 리플릿 만든 것도 처음이라 낯설었지만, 선생님께서 잘 알려주셔서 끝까지 만들 수 있었다. 이것과는 별개로, 조별 과제 너무 힘들다.
- 리플릿을 만드는 게 어려워 사서 선생님께 여쭤보았을 때 "선생님은 이렇게 했으면 더 좋겠다."라고 자세하게 피드백과 도움을 줘서 너무 많이 도움이 되었고, 덕분에 리플릿을 완성할 수 있었다. 그리고 교실이 아닌 도서관에서 수업하니까 조금 더 마음이 편안해져서 수업이 너무너무 재미있었다.
- 도서관 협력수업을 통해 논문을 활용하는 방법, 출처를 적는 방법 등

을 새롭게 알게 되어서 좋았다. 코로나 때문에 조원들과 만나서 의견을 주고받을 수 없는 상황이라 좀 힘들었다.

- 도서관 협력수업을 통해 책과 여러 정보원을 통해 자료를 정리할 수 있는 시간을 가지게 되며 자료 조사하는 방법과 관련해 많은 것을 배운 것 같다. 다음에 자료 조사를 할 때 이용할 수 있을 것 같고, 새로운 경험을 하는 시간이었다.
- 혼자 힘으로 정보 조사를 했다면 정보가 부족해서 고생했을 것 같다. 그런데 도서관 협력수업을 하면서 사서 선생님께 자료 조사에 대한 도움을 받고 조원들과 같이 활동하면서 자세한 정보를 얻을 수 있어 좋았다.
- 도서관과 수업을 합쳐서 한 것은 초등학교, 중학교에서 해본 적이 없어서 처음이었다. 관심 있는 주제를 독일과 관련하여 조사하니 재미있었고 많은 정보를 알게 되어 좋았다. 힘들었던 점은 리플릿에 참고문헌 남기는 게 너무 길고 복잡해서 오래 걸렸던 것이랑 시험 기간과 겹친 것을 빼고는 없는 것 같다. 재미있는 활동이었다.
- 인터넷 정보는 정확하지 않을 수 있는데, 도서관 협력수업 덕분에 자료들을 책으로 확인하여 정확하게 맞다 아니다 구별할 수 있었던 것 같다. 또한 구글이나 다른 인터넷 사이트들에서는 찾아볼 수 없었던 자료들도 도서관에 있던 책을 통해 알 수 있어서 좋았다.
- 정보 탐색하고 접근하는 데 많은 도움을 받았고, 특히 의학이나 심리학에 대해서 정리할 때 많은 도움을 받았다. 그리고 도서관이라는 정보의 저장소에서 이런 심층적이고 재밌는 활동을 하여 너무나 좋았다. 힘들었던 점은 과연 내가 잘할 수 있을지에 대한 압박감이었다.

끝으로 과제를 해결하며 힘들었던 점을 쓰도록 했다. 모둠활동을 꼽은 학생이 많았다. 모둠원이 활동에 열심히 참여하지 않고 무임승차를 하거나, 자신이 정한 주제와 관련된 정보가 많이 없는 경우에도 힘들다고 했다. 또한 2개월이 넘게 진행된 수업의 발표가 시험 준비 기간과 겹치기도 해서 부담스럽다는 마음도 표현했다.

과제를 해결하며 힘들었던 경험

- 쓸만한 논문을 찾는 데 어려움이 있었다.
- 조원끼리 시간 맞추기가 힘들었다.
- 정보검색 방법이 어려웠다. 그래도 한번 접해볼 수 있어 좋았다.
- 팀원이 사라지거나 잠을 자서 힘들었다. 그래서 선생님께 도움을 받았다.
- 힘들었던 점은 처음에 뭘 해야 할지 막막했던 것, 발표에 대한 두려움, 발표하고 나서 반응 신경 쓰이는 것 등이 힘들었다.
- 모둠활동이라 확실히 힘들다.
- 책으로 자료를 찾는 것이 낯설어서인지 조금 어려웠다.

도서관 협력수업에서 사서교사의 역할

정보활용교육을 통해 다양한 정보원, 검색 방법, 참고문헌 작성법 등을 안내하면서 수업 직후 모둠별 혹은 개인별 피드백을 반드시 주었다. 학생들의 시간표를 보면서 협력수업으로 진행하는 과제뿐만 아니라 다양한 과제가 쏟아지고 있음을 확인했다. 정보활용교육에서 특정 과목만을 위한 내용이 아니라, 전체 과제를 해결할 수 있는 수업이 필요했다. 사서교사로서 정보활용교육이 어떻게 나아가야 하는가에 대해 고민하고, 다양한 협력수업을 통해 학생들의 정보활용능력을 길러줘야 한다고 생각한다.

협력수업 마지막 수업을 마치고 독일어 선생님께서 하신 말씀이 인상적이었다.

"선생님, 내년엔 더 잘할 수 있을 것 같아요. 너무 아쉬운 수업이네요."

수업 계획 단계부터 평가까지 함께 하는 밀접협력형 수업을 통해 교과교사와 사서교사 모두 성장하는 계기가 되었다. 학생들이 준 마지막 피드백은 수업 과정에서 부족했던 점을 성찰하게 했고, 또한 열심히 준비하고 지도했던 부분에서 긍정적으로 나타나는 효과들에 감동도 받았다. 교과에 대한 흥미와 정보활용능력을 더불어 키울 수 있겠다는 기대를 갖게 한 수업이었다.

학교도서관에서 사서교사의 교육적 서비스를 경험한 학생들은 정보를 검색하고 활용하기 위해 다시 도서관을 찾는다. 정보활용능력은 정보를 올바르게 사용할 때 향상될 수 있다. 학생들은 인터넷을 활용한 정보검색은 쉽게 생각하지만, 자신의 과제에 필요한 정보를 찾기 위한 정보 요구와 검색을 위한 명확한 키워드 입력 능력이 부족했다. 그러므로 수업을 통해 자신에게 필요한 정보를 요구하고 질문하는 기회를 더 많이 제공해야겠다는 생각이 들었다. 수업 속에 침투하여 교과교사와의 도서관 협력수업을 늘리고 정보를 활용하는 연습을 꾸준히 하면, 학생들의 정보활용능력, 그리고 사서교사를 활용하는 능력 또한 향상될 것이라고 기대해 본다.

12
아픈 '나'를 돌아보며 성장하는 아이들

김현숙

김현숙

2013년부터 보건교사로 일하기 시작했고, 2021년 서울사대부고로 옮겨왔다. 서울대학교병원 소아청소년과와 소아정신과, 보라매병원 내과에서 간호사로, 서울대학교에서 정신간호학 강사로 근무한 경험이 있다. 서울대학교에서 정신간호학 전공으로 석사학위를 받았고, 박사과정 중이다.

아픈 '나'를 돌아보며 성장하는 아이들

2021년 3월, 새로운 학교로 옮겨오면서 새로운 학생들을 만나게 되었다. 그런데 학생들은 보건교사가 누구인지 관심도 없었고, 구조가 바뀐 것에 대해서도 전혀 감흥이 없이 본인이 필요한 것만 요구했다.

"배가 아파요."

"손끝을 다쳤어요."

"발목이 삐었어요."

"머리가 아파요."

"목이 아파요."

"저 코로나예요?"

몰려오는 학생들의 상태를 판단하고 그에 맞는 처치를 한 후 간단한 교육까지 짧은 시간 안에 해내려면 정신없이 바쁘지만, 아이들이 아프지 않고 공부할 수 있게 하는 것이 내 역할이라고 생각해서 최선을 다하고 있다.

사실 내가 추구하는 보건실은 '항상 열려 있어 아프지 않아도 와서 쉴 수 있고, 편안하게 건강 상담을 할 수 있는 곳'이다. 하지만 여러 번의 코로나19 확진자 발생과 좀처럼 나아지지 않는 감염병 위기 상황에 보건실의 문은 점점 좁아졌다. 급기야 바로 들어오지 못하도록 장애물을 설치했다. 일단 아픈 증상이 코로나19 의심 증상이 아니어야 하고, KF80 이상 방역용 마스크를 착용한 상태에서 체온 측정과 손 소독을 거쳐야 보건실에 들어올 수 있다. 그러나 이 좁은 문을 통해서도 이름과 얼굴을 기억하게 될 만큼 자주 보건실을 찾는 '단골손님'이 있다. 이 아이들에 대해 얘기하려고 한다.

고등학생이었던 '나'의 이야기

고1. 아침 8시까지 등교해서 0교시부터 7교시 수업, 8교시 보충수업과 야간자율학습을 했다. 그리고 학원 수업과 자습을 하고 새벽 1시에 학원 차에 올라 1시 반쯤 집에 도착하고 2시가 되어야 하루가 마무리되었다.

고2. 수업 시간에 조는 날이 많아졌다. 언니와 오빠가 졸업한 후 도시락이 간단해졌다. 3교시 쉬는 시간에 빨리 먹고 점심시간엔 공부하는 척했다. 스토킹 사건이 있었다. 아무에게도 알리지 않았다. 알리면 걱정하실 테니까. 자초한 일이라고 생각했다. 몇 달이 지나 괴롭힘은 겨우 끝났지만.

고3. 아픈 곳이 늘어갔다. 0교시에 들어가지 않고 조회에 맞춰 겨우 들어가는 지각 아닌 지각이 이어졌다. 야간자율학습도 빼먹고, 8교시 보충도 하지 않고 학교 근처를 배회했다. 초록 신호가 깜박이는 횡단보도를 뛰어서 건너다 버스와 부딪혔다. 혼자 걸어서 병원에 갔다. 부모님께 전화했는데 혼만 났다. 보험 처리가 되지 않았고, 버스 기사 아저씨는 내 잘못이라며 병원비를 내주지 않았다. 그래서 아파도 참고 병원에 가지 않았다. 먹고 싶을 때는 잔뜩 먹었다. 혼자 피자 한 판을 사다가 한꺼번에 다 먹기도 했다. 수업에 빠지려고 참석한 건강검진에서 우연히 발견한 질병 때문이었다. 혼자 큰 병원에 가고 약을 먹어도 나아지지 않았다. 한의원에도 다녔다. 사실 다른 치료 효과보다 한의원에 가면 푹 잘 수 있어서 좋았다. 점점 수업 시간에 조는 날이 늘었다. 심지어 담임선생님 시간에도 졸았고, 싫어하는 과목 시간에 외출해서 병원에 다녀오기도 했다. 그렇지만 개근상을 받았다. 담임선생님 주선으로 장학금도 받았다. 그런데 졸업한 지 한참 후에 담임선생님께서 갑자기 전화를 걸어 자세한 설명 없이 미안하다고 하셨다.

지금 생각해 보면 그 당시 보건실은 약품 보관 장소 정도로 매우 협소했고, 학생들 대부분은 보건실이 어디에 있는지도 몰랐다. 보건교사나 상담교사가 따로 있던 것도 아니었고, 담임선생님이 60명 가까이 되는 학급 학생들을 '관리'해야만 했다. 무엇보다 중요한 입시를 앞두고 있었고, 학생들의 정서적인 문제까지 신경 쓸 여력이 없었을 것 같다. 사실 입시 상담을 제외하곤 상담을 했던 적이 없었기에 담임선생님이 나의 상태를 모르고 계시리라 생각했다. 학교 선생님은 물론, 가족들 누구에게도 자세히 말할 수 없었다. "몸이 아픈 것은 네가 건강 관리를 못한 탓이고, 고3 시기가 지나면 괜찮아질 것"이라는 대답만 들었다.

친구들에게는 얘기하기도 했지만, 고3이 되면서는 자주 이야기를 나눌 수 없었다. 다들 바쁘고 힘든 시기인데, 성적이 그나마 괜찮다는 이유로 더 죄책감이 들었기 때문이다.

그때 지금과 같은 보건실이 있었다면 나도 '단골손님'이 되었을까?

보건실에 오는 아이들

우리나라 학생들의 행복지수가 OECD 국가 중 최하위 수준이며, 스트레스와 우울감이 높다는 것은 널리 알려진 사실이다. 아동이나 청소년은 심리적 어려움을 겪으면서도 말이 아니라 신체 증상을 통해 감정을 표현하는 경우가 많은데, 이를 '신체화(somatization)'라고 부른다. 신체화는 '심리적·사회적 스트레스에 대응하여 병리적 원인을 알기 어려운 신체적 불편감과 증상을 경험하며 이에 대한 의학적인 도움을 받으려는 경향성'이라고 정의한다.[1] 청소년의 10%가 신체화 장애로 인해 잦은 두통, 흉통, 오심(惡心), 피로를 느낀다고 하며, 이러한 증상은 남학생보다 여학생에게, 또 사회적·경제적 수준이 낮은 경우 더 높은 비율로 나타난다.[2]

우리나라 고등학생 1590명을 대상으로 조사한 연구를 살펴보면 전체의 59.8%가 두통을 경험했고, 어지러움은 53.3%, 배에 가스가 차는 증상은 46.2%, 복통은 45.9%, 눈이 흐릿한 증상은 42.7% 등으로 외국에

1 Lipowski, Z. J.(1988), Somatization: the concept and its clinical application, Am J Psychiatry, 145(11).

2 Silber, T. J. & Pao, M.(2003), Somatization disorders in children and adolescents, Pediatr Rev, 24(8).

견주어 상당히 높은 비율로 신체 증상을 경험하고 있었다.[3]

3월부터 5월까지 본교 보건실을 방문한 학생들의 문제를 살펴보면 소화불량, 복통 등 소화기계 문제가 가장 많았다. 코로나19 유행으로 기침, 인후통 등의 호흡기 증상과 두통이 코로나19 유행 이전과 비교해서 현저히 줄어들었다. 호흡기 증상의 감소는 마스크 착용의 효과로 볼 수도 있으나, 두통의 감소는 어떻게 설명할 수 있을까? 그냥 참고 보건실을 찾지 않은 것일까? 등교 중지가 될 수 있는 증상이 아닌 다른 증상으로 스트레스를 드러낸 것은 아닐까?

2010년부터 2018년까지 국내에서 발표된 논문 58편을 분석한 김정자의 연구[4]에 따르면 신체화 증상과 관련된 요인은 '위험 요인'과 '보호 요인'으로 나눌 수 있다. 전자는 신체화 증상을 악화시키며, 후자는 완화하는 요인으로 작용한다. 각각에 해당하는 구체적인 요인을 신체화 증상과의 상관관계 정도에 따라 분류했는데, 그것을 정리하면 오른쪽 표와 같다.

신체화 증상을 경험하는 학생들은 공격성, 우울, 부정적인 정서, 스트레스, 불안 등 심리적 증상과 관련되어 나타나므로 또래 관계와 학업에서도 부적응을 초래할 가능성이 크다. 이를 해결하지 못하면 성인기의 신체화 장애로 이어질 수 있어 적절한 개입이 필요하다. 이때 위험 요인을 줄이고 보호 요인을 강화하는 게 핵심이라 할 수 있다.

3 김서윤·하은혜(2009), 〈한국판 아동 신체화척도의 타당화 연구: 고등학생을 대상으로〉, 《인지행동치료》 9(1).

4 김정자(2019), 〈아동·청소년의 신체화 관련 변인에 관한 메타분석〉, 한국교원대학교 대학원 석사학위논문.

신체화 증상과 관련되는 위험 요인 및 보호 요인

<table>
<tr><th>구분</th><th>신체화 증상과의 관련 요인</th><th>상관관계 정도</th></tr>
<tr><td rowspan="2">위험 요인</td><td>공격성, 우울, 부정적 정서, 친구 관련 스트레스, 자동적 사고, 불안 등</td><td>높은 정도의 상관관계</td></tr>
<tr><td>학교 관련 스트레스, 시험 스트레스, 신체감각 증폭 지각, 신체적 귀인, 정서 표현 양가성, 학업 스트레스, 가족 관련 스트레스, 부정적 대처 행동, 분노, 감정 표현 불능증, 부모 갈등, 부정적 부모 양육 태도, 또래 괴롭힘, 포커싱적 태도, 완벽주의 성향, 교사 관련 스트레스, 부정적 부모 양육 행동 등</td><td rowspan="2">중간 정도의 상관관계</td></tr>
<tr><td>보호 요인</td><td>부모 애착, 자아존중감, 부모 지지, 자기개념, 교사 지지, 정서 조절 능력, 긍정적 부모 양육 태도, 친구 지지, 긍정적 부모 양육 행동</td></tr>
</table>

보건교사의 역할

두통, 복통, 근골격계 증상을 호소하는 청소년들이 주로 먼저 찾는 곳이 학교 보건실이다. 학생들은 보건실에서 단순히 증상에 관한 처치를 하는 것만이 아니라 '내 문제를 들어주고 따뜻하게 이해해 주기'를 원했다. 특히 신체화 증상이 있는 집단의 학생들은 문제 해결을 위한 정보를 제공해 주기보다는 스스로 해결하도록 이끌어주거나 본인의 문제를 적극적으로 해결해 주기를 원했다.[5] 보건교사의 역할이 이전의 전염병 예방, 질병 관리, 신체검사 관리 등 의료적 측면의 신체적 건강 중심의 관리에서 학생의 심리적·정서적·정신적 측면을 고려한 신체 증상의 이해와 상담으로 확대된 것이다.

구체적으로 학생들이 힘들어하는 부분이 무엇인지, 어떠한 상태인지 알아보기 위해 먼저 보건실을 방문한 학생들을 대상으로 심리적 안녕

5 김정은(2013), 〈신체화 증상 유무에 따른 중학생의 보건실 이용 실태 및 상담요구 분석〉, 서울여자대학교 교육대학원 석사학위논문.

감과 신체화 척도를 포함한 설문조사를 했다. 잦은 코로나19 확진자 발생으로 보건실 문이 점점 좁아지고 있지만, 보건실을 방문하는 학생들에게 약간의 보상을 제공하며 설문 작성을 격려했다.

그리고 아픈 학생들과 함께 할 수 있는 '나' 돌아보기 프로그램을 준비했다.

'나' 돌아보기 프로그램

주제	방법
나에 대한 이야기	발달 경로를 따라 의미 있는 사람이나 사건에 관해 듣는다.
건강과 질병에 관한 이야기	(선택) 건강/질병/나 마인드맵 기록지를 활용한다.
나의 일대기 확인하기	나에 대한 이야기를 도식화하여 관계와 과정을 돌아볼 수 있도록 한다.
현재의 나, 미래의 나에 대한 이야기	(선택) 정원 만들기 활동

이 프로그램은 간호학자인 마가렛 뉴먼(Margaret Newman)의 '의식확장으로서의 건강(Health as Expanding Consciousness, 이하 HEC)' 이론을 바탕으로 만들었다. HEC 이론은 '질환이나 장애가 없으면서도 건강하지 않은 사람들'에 대한 관심에서 비롯되었다. 의학적 소견으로는 아무런 문제가 없지만, 그들이 스스로 건강하지 않다고 여기는 패턴(사람을 특정한 한 사람의 개인으로 규명하게 하는 것)이 있을 것이라는 전제이다. 간호사가 관찰 가능한 관계들에 주의를 기울인다면, 참여자들이 말해준 이야기들 속에서 의미 있는 것이 무엇인지 알아낼 수 있고, 패턴을 감지하여 참여자들에게 되비추어 줄 수도 있다. 이 과정에서 참여자들은 직관적 통찰력을 경험하게 되며, 이 통찰력을 바탕으로 어떤 행동을 해야 하는지 명확하게 알게 된다. 이 과정을 통해 참여자의 삶은 예측하지 못했던 방향으로 나아가는데, 이는 더 자유롭고 연결성이 있으며,

돌봄의 관계를 형성하게 되고, 결과적으로 의식확장(자신의 본연의 모습으로 돌아가 더 큰 삶의 의미를 찾고, 다른 사람들이나 세상과 더 밀착되어 가는 과정)이 전체적으로 나타나게 된다.[6]

HEC 이론에 기반한 실천연구는 연구자와 대상자의 양방향 변환을 전제하며, 연구자가 대상자와 함께하면서 촉진적 환경으로 기능한다. 연구 과정에서 다양한 접근법과 전개 방식을 활용할 수 있는데, 대화를 보충하거나 풍부히 하기 위해서 사진, 움직임, 기타 미학적 방법 등을 활용할 수 있다. 또한 면담의 횟수나 시간 등도 유동적이다. 연구의 큰 틀은 있지만 획일화되거나 엄격한 규칙이 없이 연구자와 참여자가 상호 관계 속으로 들어갈 수 있도록 연구 과정을 열어두어 실무의 유동적인 상황에 적용하기에 적절하다.[7]

성급함은 '화'를 부른다

격주로 등교하는 1, 2학년 중에 등교할 때마다 보건실에 찾아오는 학생이 있었다. 처음엔 코로나19 증상으로 판단하여 조퇴를 시키기도 했으나, 몇 번 반복되자 학생이 코로나19 의심 증상 외에 다른 증상을 호소했다. 또 다른 학생은 매일 아주 사소한 찰과상을 만들어 와 치료를 요청했다. 병원에 가도 낫지 않는다면서도 일반 의약품밖에 줄 수 없는

6 Newman, M. A.(2008), Transforming presence: The difference that nursing makes, Philadelphia: F.A. Davis.

7 여지영(2019), 〈암 경험 청소년과 돌봄의 동반자관계를 통한 실천연구〉, 서울대학교 대학원 박사학위논문.

보건실에 와서 약을 달라고 하고, 집에 있으면 괜찮은데 학교에만 오면 아프다고 말하는 학생도 있었다. 평소 같으면 증상에 대해 처치하고 이후 학생이 올 때마다 조금씩 물어보며 관계를 만든 후 이야기를 들었을 텐데, 짧은 연구 기간 내에 학생들과 프로그램을 진행하려니 마음이 급했다. 신체화 증상일 것이라고 짐작되는 이 학생들과 함께 준비한 프로그램을 진행하고 싶었다. 연구 윤리를 지키고자 아이들과 시간을 정하고 만나 연구에 대해서 열심히 설명했다.

"녹음을 한다고요?"

"이렇게까지 해야 해요?"

"좀 생각해 볼게요."

"시간이 될지 모르겠어요."

기대와는 달리 부담스럽다는 반응이었다. 그리고 생각해 보겠다던 아이들의 발걸음이 뜸해졌다. 그나마 보건실에서 안정을 얻었을 아이들이 나의 성급함으로 인해 갈 곳을 잃었을까 걱정이 되었다.

조금씩 마음을 열고 변화하는 아이들

연구보다는 아이들의 마음이 더 중요했기에 방법을 바꿨다. 한 아이를 특정해서 말하는 것이 아니라 보건실 방문 학생들에게 설문지를 주고, 언제든 건강 상담이 가능하다고 알렸다. 그리고 아이들이 찾아오기를 기다렸다. 부담스러워하던 아이들이 다시 오기 시작했고, 연구와 무관하게 보건실에 와도 된다고 알려주었다. 그랬더니 이야기를 하고 싶다고 찾아온 아이가 있었다. 이번에는 힘들게 찾아온 아이에게 동의서를 먼저 내밀지 않기로 했다. 아이들이 원하면 먼저 이야기해 보기로 했다. 이야기를 나눈 후 조심스럽게 연구에 대해 말했고, 아래는 동의를 구한 아이들의 이야기이다.

(1) 앤의 이야기

이 아이는 스스로 별칭을 정하지 못했는데, 빨강머리 앤의 이름을 제안하자 이 별칭을 무척 마음에 들어 했다.

앤은 가끔 보건실에 와서 배가 아프다고 했던 학생이다. 갑작스러운 알레르기 반응으로 약을 먹고 증상이 가라앉기를 기다리며 이야기를 시작했다. 마치 이야기하고 싶어 일부러 핑계를 댔던 것처럼 자신의 이야기를 해나갔다.

앤의 부모님은 어릴 때부터 함께 살지 않았다. 앤은 엄마의 애교 섞인 전화 목소리를 아빠에게 얘기한 것 때문에 부모님이 이혼하게 될까, 그리고 버려질까 두려웠다. 부모님 사이에서 눈치를 보며 거짓말을 해 보기도 했지만, 결국 부모님은 이혼했다. 앤은 부모님의 이혼 후 학교에도 갈 수 없을 만큼 힘들었지만, 엄마는 더 힘들어하며 술을 마시고 우는 날이 많았다.

중학교 때부터 아프기 시작했다. 빈혈 때문에 자주 쓰러지고 천식도 생겼다. 반 친구와의 문제로 거의 혼자 지내며 탈모가 생기고 자해도 했었다. 자해는 멈췄지만 팔을 드러내면 앤에게만 보이는 자국들 때문에 긴팔만 입고 다닌다. 배가 자주 아프고 쓰러지만 좀처럼 나아지지 않는다. 집에 가면 아무도 없고, 아무리 늦어도 연락하는 사람이 없다는 사실이 너무 힘들다. 다른 사람들의 관심을 받고 싶어서 SNS에 일상을 꾸며서 올리기도 하고, 남자친구를 계속 사귀게 된다. 그런데 남자친구를 좋아하다가도 다가오면 헤어지고 싶어진다고 했다.

앤은 이야기를 하고 싶었다며 쉴 새 없이 쏟아내었다. 이야기하는 것만으로도 마음이 편안해졌다고 했다. 앤의 외로움, 불안감, 그리고 사랑받고 싶은 마음이 너무나 크게 느껴졌다. 이 이야기를 계속 생각하며 도식화했고, 더 많은 이야기를 나눈 후 앤과 함께 고쳤다. 이 도식을 보면서 가만히 생각하는 앤. 자신의 행동이 조금 이해가 된다고 했다. 다음을 약속하며 〈빨강머리 앤〉에 나오는 한 구절을 보여주었더니, 앤은 "딱 저 자신한테 해주고 싶은 말이에요."라고 이야기해 주었다.

> 나는 지금 사랑받고 있어. 하지만 사랑받지 못했을 때도 내가 그럴 가치가 없다는 건 아니었어.
>
> – 〈빨강머리 앤〉에서

(2) 희망의 이야기

이 아이는 자신이 가장 좋아하는 단어 중 하나인 '희망'으로 별칭을 지었다.

희망은 갑자기 숨을 쉬기 힘들었다. 병원에 가서 진단을 받고 약물치료를 시작했다. 그렇지만 증상이 바로 나아지지 않았다. 사실, 숨을 쉬기 힘든 것이 이번이 처음은 아니었다. 어릴 때부터 '짐을 짊어져야' 했다. 맞벌이하는 부모님을 대신해 동생을 돌봤고, 이종사촌 동생들까지 어린이집에 데려다주고 숙제도 함께 했다. 열두 살 때부터 지옥 같은 일들이 일어나기 시작했다. '이 어린아이가 어떻게 견딜 수 있었을까?' 싶을 만큼 힘든 일들이 지속되었고 또 추가되었다. 힘들수록 웃으며 견디려고 했지만, 몸에서 반응이 나타났다. 학교에 다니지 못할 줄 알았는데, 이사를 하고 고등학교에 오면서는 그래도 괜찮았다. 아니, 괜찮으려고 노력했다. 그런데 약간의 자극으로 또 몸의 반응이 나타난 것이다.

너무나 힘들었을 이야기를 무덤덤하게 이야기하는 희망의 모습에 가슴이 아팠다. 희망의 이야기를 계속해서 생각하며 도식화했고, 희망과 함께 고쳤다. 이 도식을 보면서 희망은 씁쓸하다고 했다. 힘든 과정을 겪으면서 부모님께서 했던 말과 행동 때문에 더 상처를 받기도 했다고 한다. 희망에게 공감 연습 문구를 보여주었다.

공감 연습

나와 똑같이 이 사람도 자기 삶에서 행복을 찾고 있다.

나와 똑같이 이 사람도 자기 삶에서 고난을 피해 보려 하고 있다.

나와 똑같이 이 사람도 슬픔과 외로움과 절망을 겪어 알고 있다.

나와 똑같이 이 사람도 자기의 욕구를 충족시키려 하고 있다.

나와 똑같이 이 사람도 삶에 대해 배우고 있다.

다음 날 한결 희망이는 편안한 표정이었다. 엄마와 이야기를 많이 했고, 그러고 나서 마음이 훨씬 편해졌다고 했다. 그리고 현재의 마음을 다음 사진처럼 표현했다.

이야기를 마무리하며 희망은 "선생님 감사합니다."라고 하며 포옹을 부탁하여 꼭 안아주었다. 사실 희망의 이야기는 너무나 많고 정리되지 않은 문제들도 남아 있어, 다시 비슷한 증상이 나타날 수 있다. 그러나 본인의 이야기를 정리하고 마음을 열고 대화했던 긍정적인 경험은 건강으로 나아가는 한 걸음이 될 수 있을 것이다.

다시, 보건교사인 '나'의 이야기

보건교사는 학교에서 유일한 의료인으로서, 간호사와 교사 두 가지 역할을 모두 하게 된다. 그래서 애매한 위치이며, 잘 알지 못하는 사람들에게는 하는 일 없이 편안한 직업이라고 오해받기도 한다. 올해는 작년부터 계속 이어지는 감염병 위기 상황에서 업무가 늘어나 정작 기본적인 보건교육과 학생 건강 관리에 소홀해질까 봐 걱정될 정도였다.

어느 위치에서건 해야 하는 일과 하고 싶은 일이 다른 상황이 생긴다. 아무리 바쁘고 힘든 상황에서도 아이들과 함께 대화하고 아픈 상처를 돌봐주고, 건강을 유지할 수 있도록 교육하는 과정들은 내가 하고 싶은 일이다. 이 일을 놓치고 싶지 않았다. 시행착오도 있었다. 그러나 학생들의 변화를 보며, 그리고 보건실에서 좋은 점은 그 어떤 처치보다도 '선생님의 다정함과 인정된 목소리'라는 학생들의 피드백을 받으며 나의 존재감과 내가 하는 일의 의미가 느껴졌다.

그리고 이 과정들에서 혼자서만 '쓸데없이' 애를 쓰는 것이 아니라 4개 학교에서 12명이 함께 연구하고 있으며, 이 연구에 참여하지 않았더라도 많은 분이 각자의 자리에서 함께 노력하고 있다는 것이 느껴져서 행복하고 감사한 시간이었다. 이 연구 기간이 끝나더라도 아이들과 함께하는 시간을 계속 이어갈 것이다. 아이들과의 시간이 쌓이고 또 함께하는 이들이 많아진다면 아이들이 더욱 건강하게 생활해 나갈 수 있지 않을까?

13
그들이 학교에 다니는 이유

이승훈

이승훈

서울·경기·인천의 특수학교, 중학교 특수학급, 고등학교 특수학급에서 재직했으며, 2015년부터 서울사대부고에서 학생들과 함께하고 있다. 국립특수교육원의 '특수교육 교과용도서 현장적합성 검토위원'으로 활동했다.

그들이 학교에 다니는 이유

1999년과 2004년, 대학 입학식을 두 번 경험했다. 그만큼 '특수교사'라는 직업을 열망했으며, 그 간절한 꿈을 이루고 난 뒤 지금까지 13년 동안 특수학교와 일반학교에서 학생들과 함께하고 있다.

일반학교에 근무하며 늘 고민하지만 쉽게 답을 찾을 수 없었던 질문이 있다. '그들[1]은 원반(통합학급) 수업에서 무슨 말인지도 모를 텐데, 왜 자리에 앉아서 수업을 받고 있을까?'라는 의문이었다. 교사로서, 그것도 특수교사로서 이런 의문을 품는 것은 당연히 이상한 일이다. 교육권은 천부인권(天賦人權), 즉 기본권인데 장애를 가졌다는 이유로 수업에서 배제되는 것은 명백한 차별이기 때문이다. 그렇지만 무슨 말인지도 모르는데 그 수업에 참여하는 것이 과연 맞는 것일까? 그 시간에 다른 활동을 하는 게 더 낫지 않을까? 이처럼 나름 '경제적이고 합리적'인

1 그들: '특수학급 학생'을 말한다. '특수', '장애'라는 용어를 지양하고자 이 글에서는 '그들'이라고 부르려 한다.

이유로 통합교육에 대해 의문을 품어왔음을 고백한다.

그때는 그들이 학교에 다니는 이유를 찾기 어려웠다. 학부 과정에서 통합교육의 의미에 대해 배웠지만, 실제로 접한 교육 현장에서는 전공 서적에서 배웠던 지식이 마음에 와닿지 않았기 때문이었다. 그러나 이제는 그들이 등교하는 이유, 그리고 무슨 말인지도 모르지만 정해진 자리에 앉아서 수업을 받는 이유를 말할 수 있다. 그들이 학교에 다니는 이유는 '잠재적 교육과정'을 배우기 위함이다.

코로나19로 그들이 잃은 것

(1) 코로나 이전의 일상

교복을 맞추고, 새로 가방을 구입하고, 신발도 산다. 새로운 학교에 대한 두려움도 있지만, 그들에게 첫 등굣길은 설렘 가득한 길이며, 졸업의 마지막 등굣길은 아쉬움이 묻어나는 길이다. 물론 그들의 학교생활에도 힘든 순간은 많다. 특히 수업 시간이 그렇다. 선생님 말씀은 분명 우리말인데도 알아듣기 힘들고, 기하나 벡터처럼 이해할 수 없는 내용이 넘쳐나기 때문이다. 그렇지만 그들의 기억 속 학교는 행복하고 따스한 추억이 많은 곳이며, 그렇기에 그들의 등굣길은 힘든 길이기보다 설레는 길이다.

왜 그들에게 학교는 행복하고 설레는 공간일까? 그들에게 학교는 시끌벅적한 공간이다. 조용히, 아무 말과 생각 없이 학교에 다니는 것처럼 보일 때가 많지만, 그들은 그 공간에서 나름대로 소통하며 생각의 깊이를 더한다. 물론 그 소통은 눈에 잘 보이지 않는 경우가 많으며, 생각의 깊이 또한 양적으로 측정하기는 어렵다. 그렇지만 다른 이들은 어떻게 다니고 있는지, 어떤 방법으로 서로의 생각을 공유하는지, 특정 상황에서는 어떻게 행동하는지를 보며, 그들도 그들 나름의 시끌벅적한 소통을 통해 그 모습을 모방하며 학습한다. 그 과정에서 생각의 깊이가 확장하는 것이다. 그러면서 학교는 그들에게 행복한 공간으로 각인된다.

그들이 학습하는 이런 내용은 공식적인 수업 중에는 가르치지 않는다. 국가에서 정한 표준화된 교육과정의 틀 안에 이런 내용이 없기 때문이다. 설령 있더라도 그들의 학령기가 아니라 유치원이나 초등학교 교육과정 안에 들어가 있다. 그렇기에 그들의 배움은 정해진 틀에서 벗어나 다양한 방법으로 이루어지고 있으며, 한순간이 아니라 학교라는 '공간' 안에서 꾸준히 지속해서 일어나고 있다.

이렇듯 코로나19 이전에 그들은 학교 공간에 머물며, 직접 가르치지는 않지만 스스로 배울 수 있었던 많은 내용들을 학습했으며, 학교에서의 이러한 배움은 졸업 이후의 그들의 삶에 깊고 넓은 영향을 미치고 있었다.

(2) 잠재적 교육과정(Latent Curriculum)[2]

학교에서 일어나는 이러한 배움을 '잠재적 교육과정'이라고 부른다. 잠재적 교육과정이란 공개적으로 다루거나 가르치지는 않지만, 수업

2 잠재적 교육과정: 본 연구에서는 잠재석 교육과정의 기능을 교육사회학의 기능론적 관점으로 바라보며 연구를 진행했다.

분위기나 학급 문화, 학교의 관행 등으로 학생이 은연중에 배우거나 경험한 것들을 말한다.[3] 즉 잠재적 교육과정은 가치, 태도, 행동 양식 등과 관련한 비형식적 교육과정이며, 대부분 학교라는 물리적 공간에서 학습된다.

이러한 잠재적 교육과정은 다른 학생들에 비해 그들에게 중요성이 더 높다고 할 수 있다. 진정한 의미에서의 통합이 이루어지기 위해서는 물리적 통합 외에 학문적 통합, 그리고 사회적 통합이 모두 이루어져야 하는데,[4] 사회적 통합을 이루기 위해 습득해야 하는 '사회적 기술'을 잠재적 교육과정을 통해 학습할 수 있기 때문이다.

다른 학생들이 잠재적 교육과정으로 학습하는 내용도 그들에게는 공식적 교육과정으로 포함하여 교사가 직접 가르쳐야 하는 경우도 많다. 어떻게 옷을 입어야 하는지, 어떻게 행동을 해야 하는지, 이런 내용은 사람들이 대부분 알고 있거나 당연하게 여기는 것들이다. 그러나 그들에게는 직접 교수가 없으면 학습하기 어려운 '사회적 기술'에 해당한다. 이런 사회적 기술을 가르치는 효과적인 방법은 학생과 충분히 라포르가 형성되어 있는 누군가(교사)가 직접 가르치는 것이다. 이때 가르치는 내용은 '도움이 필요할 때 손들기, 교실에서 걸어 다니기, 손을 제자리에 두기' 등이다.[5]

이렇듯 잠재적 교육과정은 교육공학을 활용한 스마트 기기보다는 라

3 김대석·성정민·김경성(2020), 《잠재적 교육과정의 이론과 실제》, 박영스토리.

4 이소현·박은혜(2018), 《특수아동교육》, 학지사.

5 Brenda Smith Myles(2005), Children And Youth With Asperger Syndrome: Strategies For Success In Inclusive Settings. 이소현 역(2006), 《아스퍼거 증후군(성공적인 통합교육을 위한 전략)》, 학지사.

포르가 형성된 누군가(교사)를 통해 더욱 효과적으로 습득할 수 있다. 이는 잠재적 교육과정이 가치, 태도, 행동 양식 등 대면을 통해 경험하게 되는 비형식적 교육과정이기 때문이다. 이런 이유로 원격수업에서도 지원 인력을 배치하여 수업을 보조할 필요가 있다. 비록 교사에 의해 습득하는 것에는 못 미치지만, 지원 인력을 통해서도 잠재적 교육과정에 대한 학습이 어느 정도 가능하기 때문이다. 또한 교수·학습 활동 과정에서도 지원이 필요한 경우가 많아, 원격수업 때 지원 인력 배치는 더욱 절실하다.

그렇기에 원격수업 계획을 수립할 때는 물리적 환경 구성, 교육콘텐츠 제공에 대한 계획과 함께 지원 인력 배치 부분도 반드시 포함해야 한다. 이는 지원 인력이 그들의 잠재적 교육과정 습득뿐만 아니라 원격수업 전후 생활지도에도 큰 도움을 줄 수 있기 때문이다.

(3) 학습되지 못한 잠재적 교육과정

그러나 코로나19라는 재난 상황으로 인해 학교를 벗어나 교수·학습 활동을 진행할 수밖에 없었으며, 이로 인해 잠재적 교육과정 습득에는 다음과 같은 문제점이 발생하게 되었다.

첫째, 잠재적 교육과정을 학습하지 못했다. 앞서 언급했지만, 잠재적 교육과정은 많은 부분을 학교라는 물리적 공간 안에서 학습하게 된다. 그러나 코로나19로 인해 등교수업이 중지되면서 그동안 학교 공간에서 잠재적 교육과정을 통해 교육되던 정의적 영역(태도, 가치관) 등에 대한 교육 활동이 멈출 수밖에 없었고, 이 때문에 학교 졸업 이후의 삶에 필요한 사회적 기술 습득에 어려움을 겪게 되었다.

둘째, 원격수업에서는 잠재적 교육과정에 대한 직접 교수 또한 이루어지지 않았다. 그들은 일반 학생들이 잠재적 교육과정으로 학습하는 부분들도 공식적 교육과정에 포함하여 직접 가르쳐야 하지만, 원격수업은 공식적 교육과정에 대한 교수·학습 활동을 중심으로 진행되기 때문에 잠재적 교육과정을 직접 가르치기에는 역부족이었다.

셋째, 지원 인력 부재로 인해 교육 격차가 커졌다. 특수교육 분야에서는 원격수업을 적용하기에 어려움이 있으며, 특히 특수학교의 경우 원격수업 방식으로는 수업 자체가 불가능하다는 주장[6]도 있지만, 원격수업에 대한 행정적·재정적 지원을 통해 학생들이 공식적 교육과정을 학습할 수 있는 여건을 조금씩 마련하고 있다. 그렇지만 지원 인력의 부재로 인해 잠재적 교육과정을 조금이나마 배울 기회가 주어지지 못했으며, 이는 잠재적 교육과정에 대한 교육 격차를 심화할 수 있다. 더 나아가 원격수업 전후 그들의 일상생활에 대한 지도 또한 이루어지지 않거나 미흡할 수밖에 없다.

잠재적 교육과정 회복을 위한 연구

(1) 재난 상황에 대한 대비

코로나19 재난 상황을 겪으며, 이런 상황이 다시 닥쳤을 때 비슷한 문제가 발생하지 않기를 바라는 마음으로 이번 연구에 참여했다. 원격

6 강승모·임경원·강성구·황인선·김주희(2020), 〈코로나19 이후 중등 특수학급 특수교사의 원격수업 경험이 갖는 교육적 의미〉, 《학습자중심교과교육연구》 20(24).

수업과 등교수업을 모두 경험한 학생들에게 그들의 일상에 대해 직접 들어봄으로써 코로나19로 인해 발생한 잠재적 교육과정에서의 교육 격차를 해소하기 위해 학교는 어떠한 역할을 담당해야 하는지 대안을 모색하는 것이 이 연구의 목적이다.

이 연구 목적을 달성하기 위해 다음과 같이 연구 질문을 설정했다.

첫째, '학교'라는 공간에서 잠재적 교육과정을 학습할 수 없었을 때의 일상 및 교육 격차는 어떠한가?

둘째, 원격수업 중 잠재적 교육과정에 대한 직접 교수가 없었을 때의 일상 및 교육 격차는 어떠한가?

셋째, 원격수업 기간 중 지원 인력의 부재로 인한 그들의 일상 및 교육 격차는 어떠한가?

넷째, 그들이 생각하는 학교의 모습은 어떠한가?

(2) 연구를 위한 계획 설계

연구에 참여한 학생은 모두 5명인데, 이번 연구의 취지에 충분히 공감한 학생들로 선정했다. 참여 학생의 성별은 남학생 4명, 여학생 1명이다. 남학생의 비율이 높은 이유는 본교 특수학급 학생들 가운데 남학생의 비율이 월등히 높기 때문이다(24명 중 남학생 21명, 여학생 3명).

연구 대상 학생은 3학년과 2학년으로 한정했다. 이 연구의 목적을 달성하기 위해, 작년과 올해 본교에서 원격수업과 등교수업을 모두 경험해 본 학생들을 대상으로 해야 했기 때문이다. 그리고 연구에 참여한 학생들의 이름은 모두 가명으로 기록하여 그들의 솔직한 생각을 담고

자 했다.

연구 자료는 2021년 5월부터 6월까지 개별 면담을 통해 수집했고, 면담 내용은 녹음과 메모로 동시에 기록했다. 연구 기간이 촉박하여 면담은 학생마다 한 번씩만 진행했으며, 한 번 면담하는 데 한 시간 정도가 소요되었다.

그들의 목소리

연구 목적에 따라 설정된 4개의 연구 질문에 대해 그들의 생각을 직접 들어보았다.

(1) 학교에서 잠재적 교육과정을 학습할 수 없었을 때의 일상

먼저, 학교에서 대면으로 진행하는 수업과 원격수업 중 어떤 형태가 더 좋은지 물었다. 특수교육 대상 학생들은 작년에는 일반 학생들과 등교 형태가 같았다(3분의 2 등교). 하지만 올해는 교육부에서 발표한 〈2021학년도 신학기 대비 장애학생 교육지원 방안〉에 따라 사회적 거리두기 2.5단계까지는 등교수업이 원칙이다. 이에 따라 올해는 전일 등교수업을 실시하고 있기에, 작년과 올해의 차이를 물은 것이다.

5명 모두 학교에서 수업을 받는 것이 더 의미가 있다고 답했다. 원격수업의 경우 배우는 것이 없으며, 친구들과 함께 공유하는 것이 없기에 그렇다고 했다.

민성: 작년 원격수업 때는 집에만 있었고 배우는 것이 없었어요. 반대로

올해 학교에 올 때는 일찍 일어나는 것이 힘들지만 뭔가 배울 수 있는 것 같아요. 작년엔 ITQ 자격증을 땄고, 지금은 바리스타 자격증을 따려고 배우고 있고요. 여러 가지를 배우는 것이 안정적인 기분이 들어요. 배우다 보면 내가 사회에 나가서 편안하게, 가슴을 내려놓을 수 있는 기분으로 살 수 있겠구나 하는 생각을 했어요.

영아: 저는 둘 다 피곤하지만, 그래도 학교에 오는 것이 더 좋아요. 집에 있으면 친구들과 만날 수 없는데, 학교에 오면 친구들과 이야기할 수 있고 우정도 쌓을 수 있어서 학교에 오는 것이 더 좋아요.

현지: 저는 등교수업이 더 좋아요. 친구들을 다 볼 수 있고 실제 만나서 이야기를 할 수 있으니까요. 친구들을 더 많이 만날 수 있는 수업이 더 좋아요.

다음으로 원격수업 때 어떤 모습으로 수업에 참여했는지를 물었다. 등교할 때처럼 그 상황에 맞는 모습으로 수업에 참여했는지를 물은 것이다. 학교 공간에서 잠재적 교육과정을 통해 학습한 태도, 행동 양식 등을 원격수업에서도 잘 적용하는 학생도 있었지만, 세수도 하지 않고 잠옷 그대로 수업에 참여한 학생도 있었다. 또한 시간 약속을 지키는 것을 힘들어하는 학생도 있었다. 이처럼 학교 공간에서 잠재적 교육과정으로 학습하는 사회적 기술이 원격수업에서는 제대로 지켜지지 않았음을 확인할 수 있었다.

재민: 저는 ○○처럼 지저분하게 되기 싫어서 아침에 샴푸로 머리를 감았어요. 하지만 어떤 날은 저도 속옷만 입고 원격수업에 참여한 적

이 있었어요.

민성: 등교 때는 그나마 씻고 챙겨 입는데, 작년에는 잘 씻지 않고 대충 입고 수업에 참여했어요. 그리고 저 나름대로 잘할 수 있다고 생각했지만 잘 안 됐어요. 원격수업일 때는 저도 모르게 늦게 일어나는 경우가 많더라고요. 원격수업이 처음에는 편한 것 같은데, 나중에는 점점 시간을 지키는 것이 힘들어지더라고요. 누가 잔소리도 안 하고, 게을러지는 것 같고.

규찬: 원격수업 때는 거의 잠잘 때 입던 옷 그대로 입고 했어요. 씻는 것도 집에만 있으니까 긴장이 풀려서 안 씻고 수업에 참여했던 것 같아요. 그래도 학교 올 때는 씻어요.

마지막으로 원격수업 기간에 원반(통합학급) 학생들과는 어떻게, 그리고 어느 정도 소통했는지에 대해 질문했다. 그들 모두 원반 학생들과는 아무 교류가 없었다. 직접 얼굴을 보지 않고 글로 소통하는 것이 그들에게는 힘든 과제였으며, 소통을 통한 잠재적 교육과정 학습 또한 이루어질 수 없었다.

규찬: 원반의 카카오톡 방에는 들어가 있는데, 그 방에서 말한 적은 없었어요. 학교에서 친구들을 보면 어떤 모습인지 아니까 어떻게 말하면 되는지 알겠는데, 단톡방에서는 뭐라고 말해야 할지 모르겠어요.

재민: 원반 단톡방에서는 선생님이 올린 카톡 내용만 확인했어요. 원반 아이들과는 따로 연락한 적이 없었어요. 단톡방에 글을 쓰기가 어색하고 친해지기 힘들어요.

(2) 원격수업 중 잠재적 교육과정에 대한 직접 교수가 없을 때의 일상

원격수업에서 교사의 수업 내용이 무엇이었는지를 질문했는데, 등교수업과 내용에서는 다름이 없었음을 확인했다. 그렇지만 그 상황에 적합한 태도에 대한 학습, 즉 잠재적 교육과정에 대한 학습이 제대로 이루어지지 않았다.

민성: 학교에서 배우는 수업을 그대로 가르쳐주셨어요. 그리고 제가 어떻게 해도 선생님들의 잔소리는 거의 없으셨어요. 등교할 때는 선생님 잔소리 때문에 그나마 옷도 챙겨 입었는데, 작년에는 그런 소리가 아예 없어서 잘 씻지도 않고 대충 수업에 참여한 것 같아요.

영아: 숙제 내라는 말이 가장 기억이 나고 그 외엔 기억이 안 나네요. 원격수업 때는 선생님들이 잔소리를 덜 하셨어요. 그때는 잘못 챙겨 입어도 선생님이 많이 넘어가셨던 것 같아요. 밥 먹는 아이도 있었는데, 그때도 되도록 먹을 것을 두지 말라는 말만 하셨어요. 학교에서 그랬으면 많이 혼났을 텐데 말이에요.

현지: 원격수업 때 선생님의 잔소리는 더 적었죠. 옷을 제대로 안 입어도 넘어갔고, 씻지 않아도 잘 확인하지 못하셨어요. 원격수업 때 햄버거를 먹던 친구가 있었는데 그때도요. 등교수업 때는 선생님들이 잔소리를 원격수업 때보다 많이 하세요. 그래서 더 옷도 잘 챙겨 입고 잘 씻는 것 같아요.

(3) 원격수업 기간 중 지원 인력의 부재로 인한 그들의 일상

원격수업을 할 인터넷 연결에 대한 부분은 중요하면서도 기본적인 사항 가운데 하나라고 할 수 있다. 그런데 인터넷 연결에 어려움을 보이는 경우가 많았다. 또한 원격수업 기간 중 그들이 가정에서 혼자 원격수업에 참여하는 경우가 많았으며, 어려운 상황을 만났을 때 그 어려움을 혼자 해결하지 못했기에 어쩔 수 없이 원격수업에 참여하지 못하는 사례가 많았다.

민성: 맞아요. 인터넷에 접속이 안 될 때가 있었어요. 어떻게든 들어가려고 컴퓨터도 만져보기도 했는데, 저 혼자서는 잘 안 되어서 수업에 못 들어갔어요.

영아: 그때는 엄마가 핸드폰을 껐다 켜면 된다고 해서 그렇게 해봤었어요. 그래도 잘 안 되더라고요. 선생님께 전화하면 됐는데, 그때는 핸드폰을 껐다가 켰다가 계속하느라고 그 생각을 못 했어요.

규찬: 가끔 와이파이가 약해져서 끊겼어요. 그럴 때는 공유기 가까운 곳으로 가면 된다고 엄마가 이야기해서 그렇게 해보았는데 잘 안 되더라고요.

원격수업이 끝나고 대부분의 시간 동안 학생들은 혼자만의 시간을 보냈다. 게임을 하거나 텔레비전을 보는 등 계획적이지 않은 일상을 보냈으며, 이러한 일상에 대해 교사 또는 부모 외에 조언해 주는 사람은 없었다.

민성: 혼자 있을 때 거의 게임만 하고 있었어요. 설거지나 집 정리를 하긴 하는데, 솔직히 귀찮아서 대충 하고 아빠가 일 끝나고 오셔서 아빠

가 거의 다 하셨어요. 그리고 이렇게 하루를 보내도 아빠 말고는 제가 어떻게 보내는지 아는 사람은 없었어요.

영아: 엄마가 종이에 하루를 어떻게 지내야 하는지 적어주시고, 그대로 혼자 해보고 안 되면 엄마한테 전화해서 물어봤던 것 같아요. 엄마 외에는 어떻게 보내야 한다고 하셨던 분은 없고요.

원격수업 기간 중 지원 인력이 배치된다면 일상을 보낼 때 도움이 될 것이며, 생활양식 등 잠재적 교육과정으로 배우는 부분을 조금이나마 학습할 수 있겠다고 생각했다.

영아: 다른 선생님이 오시면 도움이 될 것 같아요. 오늘 뭘 해야 하는지 모르는 부분은 물어볼 수 있으니까요. 혼자 지내는 것은 아직도 무섭고 힘든 것 같아요. 누군가 도움이 있었으면 좋겠어요.

규찬: 엄마 없이 혼자서는 무서워서 걱정도 되고 마음이 안 좋아져요. 누군가 제가 어떻게 해야 한다고 이야기를 해주면 도움이 될 것 같아요. 스스로 해야 하는데, 아직은 서툴러서 도움이 있으면 살짝이라도 마음의 무거움을 덜어낼 것 같아요. 아직은 혼자 계획 세워서 하는 것이 어려워요.

(4) 그들이 생각하는 학교의 모습

그들이 학교에 다니며 행복하고 즐거웠던 기억은 또래들과 함께하는 순간, 즉 잠재적 교육과정을 학습할 수 있는 순간이었다.

규찬: 제주도 갔을 때가 좋았어요. 친구들과 여행하고 재미있는 활동도 해서요. 학교에서 캠프를 갔었던 것도 좋았어요. 친구들과 그동안 하지 못했던 이야기를 많이 할 수 있었거든요.

영아: 제주도 여행이 제일 재미있었어요. 선배들과 이야기를 많이 해서 좋았어요. 원반 수업은 반 친구들과 이야기하는 것이 별로 없어 아쉬웠는데, 여행을 가서 친구들의 이야기를 들으니 재미있었어요.

그들 중 원반 수업 참여에 대해 스트레스가 없다는 학생도 있었지만, 대부분은 원반 수업 참여에 대한 어려움과 두려움을 말했다. 그렇지만 그 어려움도 또래와 함께하기에 괜찮다고 했고, 원반 수업에 참여해야 하는 이유도 어렴풋이 알고 있었다.

민성: 수업에 대한 스트레스는 없어요. 중학교 때는 못해도 열심히 했던 것 같은데, 어차피 안 된다고 생각해서 고등학교 입학하고 포기했어요. 지금은 어떻게 살아야 하나, 걱정도 되고 불안감이 커요.

영아: 원반 수업 시간은 뭔가 지루해요. 그래도 친구들이랑 이야기할 수 있어서 재미있을 때도 많아요. 아이들과 친하게 지내서 슬프거나 힘들었던 기억은 없는 것 같아요.

현지: 원반 수업이 힘들었어요. 무슨 말인지 모르니까요. 그래도 원반에 올라가야 해요. 원반에서는 특수반에서 배우는 것과는 다른 무언가를 배우는 것 같거든요. 그게 정확히 뭔지는 모르겠지만요.

그들에게 학교는 공식적 교육과정을 이수하는 공간의 기능도 하지만, 사회생활에 필요한 사회적 기술을 학습할 수 있는 공간의 역할도 하고 있었다. 또한 학교는 따스한 공간이길 바라고 있었다.

민성: 학교에서는 공부만 하는 줄 알았는데, 이제는 공부만 하는 것은 아니라는 생각이 들었어요. 선생님들이 잔소리하는 것도 감사해요. 저 잘되라고 해주신다고 생각하거든요. 그래서 감사해요.

규찬: 학교에서는 어른이 될 때 도움이 되는 것, 사회에 필요한 것을 배우는 것 같아요. 그리고 나에게 도움이 되는 것을 배우는 것 같고요. 선생님들께서 잔소리할 때, 힘들 때도 있지만 나한테 도움이 되는 잔소리여서 괜찮은 것 같아요. 선생님들이 가끔 칭찬해 주시는데, 저는 칭찬을 많이 받아본 적이 없어요. 어렸을 때는 집에서 많이 받아봤는데, 학교 다닐 때는 그런 경험이 거의 없었어요. 그래서 칭찬을 받을 때 기분이 좋아지고, 칭찬을 많이 해주셨으면 좋겠어요.

영아: 학생이니까 학교에서 수업은 해야 하는데, 그래도 친구들과 더 많은 이야기를 했으면 좋겠어요. 신나는 일만 많았으면 좋겠고요. 그리고 학교에서 취업에 필요한 부분을 잘 가르쳐주셨으면 좋겠어요. 학교는 즐겁고 평화로운 곳이었으면 좋겠어요.

그들이 학교에 다니는 이유

(1) 잠재적 교육과정 학습: 학교의 역할

그들의 목소리를 통해 원격수업 때 잠재적 교육과정에 대한 학습이 잘 이루어지지 않았으며, 이로 인해 사회적 기술 습득에 대한 교육 격차가 발생했음을 알게 되었다. 이러한 교육 격차를 해소하기 위해서는 거시적인 교육정책의 변화가 요구되지만, 학교 차원에서 즉시 실천할 수 있는 것들도 있다. 지금 당장 실천할 수 있는 학교의 역할을 제시하고자 한다.

첫째, 원격수업 기간이라도 그들이 '학교'라는 공간에 등교한 것처럼 지도해야 한다. 수업 시간과 쉬는 시간을 명확히 하며, 등교 때처럼 상황에 적합한 복장을 갖추라고 지도해야 한다. 이는 '기본'이라 할 수 있다. 잠재적 교육과정으로 학습되던 이러한 것이 원격수업에서는 학습되기 어렵기에, 이에 대한 지도가 필요하다.

둘째, 등교수업 기간 중 또래 학습을 활용하여 글로 소통하기 힘든 그들에게 상황에 적합한 SNS 글쓰기 등을 지도한다면, 소통을 통한 잠재적 교육과정의 학습이 조금이나마 이루어질 것이다.

셋째, 원격수업에서도 잠재적 교육과정에 대한 직접 교수가 이루어져야 한다. 물론 50분이라는 수업 시간은 공식적 교육과정을 이수하기에도 빠듯하다. 특히 원격수업에서는 수업 전에 준비할 게 많아서 시간이 더욱 부족하다. 그렇지만 그들에게 잠재적 교육과정이 얼마나 중요한지를 이해한다면, 이 부분에 대한 직접 교수를 포함해서 수업을 설계해야 한다.

넷째, 지원 인력 배치가 꼭 필요하다. 작년에는 지원 인력이 배치되지 않아 잠재적 교육과정에 대한 간접 학습 및 일상에 대한 지원이 이루어지지 못했다. 가정에 혼자 있는 그들의 일상을 지원하기 위해 하루 일과표나 자기 점검표 등을 활용하여 스스로 본인의 삶을 계획하고 점검할 수 있도록 가르쳐야 한다. 또한 스스로 해결하기 어려운 상황이 닥쳤을 때, 그 문제를 해결하는 방법도 지도해야 한다. 물론 지원 인력 배치는 학교 차원에서 마음대로 결정할 수 있는 일은 아니지만, 그렇게 될 수 있도록 목소리를 내야 한다.

(2) 그들의 행복한 등굣길을 위해

연구를 진행하며 많은 아쉬움을 느꼈다. 참여자 5명의 목소리로는 그들 전체의 일상을 충분히 담아낼 수 없다는 한계를 느꼈기 때문이다. 그렇지만 그들이 학교에 다니는 이유, 그리고 교사인 '나' 자신에 대한 성찰의 계기가 되었기에 다음 연구를 기대하게 되었다.

연구를 시작하기 전에 나는 그들에 대해 전부 이해하고 있다고 착각했다. 10년이 넘는 경력으로 이제 스스로 '전문가'라고 여겼기에 그들이 어떠한 일상을 보내고 있는지 잘 안다고 생각했다. 그러나 이번 연구를 통해 지금까지 내가 알고 있던 그들의 모습은 '학교'라는 공간에 한정된 그들의 겉면뿐이었음을 알게 되었다. 〈일곱 마리 눈먼 생쥐〉 이야기처럼. 실제 그들은 내 추측 속의 일상이 아닌 다른 일상을 보내고 있었고, 정서적 지원이 절실했고, 생각보다 훨씬 외롭게 일상을 보내고 있었다.

졸업할 때까지 두 손을 꼭 잡고 늘 등굣길을 함께하는 엄마와 아이. 무슨 말인지도 모르는 것을 배우러 오는 길이지만, 그 길은 행복하고 설렘 가득한 길이다. 그들의 등굣길은 '학교'라는 물리적 공간으로 가는 길로 국한되지 않는다. 그들의 등굣길은 늘 행복하고 따스해야 하며, 그러기 위해서는 그들의 일상에 대한 깊이 있는 관찰과 성찰이 필요하다. 이는 그들이 학교에 다니는 이유에 대한 교사로서의 나의 책임이자 의무이다.

참고문헌

최인영

성열관(2006), 〈교육과정 실행연구의 성장과 주요 특징에 대한 이론적 고찰〉, 《교육과정연구》 24(2), 한국교육과정학회.

최의창(1998), 〈학교교육의 개선, 교사연구자, 그리고 현장개선연구〉, 《교육과정연구》 16(2), 한국교육과정학회.

김현수(2020), 《코로나로 아이들이 잃은 것들》, Denstory.

이용숙·김영천·이혁규·김영미·조덕주·조재식(2005), 《교육현장 개선과 함께 하는 실행연구방법》, 학지사.

조용환(1999), 《질적 연구 – 방법과 사례》, 교육과학사.

우효진

박지희(2012), 〈귀국학생을 위한 문식성 신장 프로그램의 개발: 균형적 언어 접근법을 활용하여〉, 서울교육대학교 교육대학원 석사학위논문.

정유경(2020), 〈중도입국 학생과 일반 학생의 한글 문해력 개별화 교육 지도 경험에 대한 자문화기술지〉, 제주대학교 교육대학원 석사학위논문.

교육부(2021), 《초등학교 국어 3-1 교사용 지도서》, 미래엔.

김종원(2020), 《문해력 공부》, 알에이치코리아.

류윤환(2021), 《새콤달콤 관용어 사전》, 미래와경영.

이정은·송우정(2021), 《초등 문해력 한 문장 정리의 힘 1》, 매가스터디북스.

한지혜(2019), 《새콤달콤 속담 사전》, 미래와경영.

UNESCO Education Sector(2004), The Plurality of Literacy and its implications for Policies and Programs, UNESCO. http://unesdoc.unesco.org (검색: 2021.06.18.)

유호엽

조재형·정기수(2020), 〈학습전략으로서 학습 플래너 사용이 학업 성취도와 자기주도 학습 능력에 미치는 효과〉, 《청소년학 연구》 27(8), 한국청소년학회.

홍기칠(2014), 〈초등학생용 자기주도학습력 검사의 타당화〉, 《사고개발》 10(2), 대한사고개발학회.

리사 손(2019), 《메타인지 학습법》, 21세기북스.

이은경·이성종(2021), 《어린이를 위한 초등 자기 주도 공부법 × 배움공책》, 한빛라이프.

민경실

고정화(2008), 〈고등학교 3학년 수학 기초학력 미도달 학생의 특징 분석〉, 《수학교육학연구》 18(3), 대한수학교육학회.

문윤제(2000), 〈성·패 경험에 따른 성취동기, 불안 및 자기효능감과 운동수행 간의 인과분석〉, 전남대학교 박사학위논문.

박미희(2020), 〈코로나19 시대의 교육격차 실태와 교육의 과제: 경기 지역을 중심으로〉, 《교육사회학연구》 30(4), 한국교육사회학회.

이대식·최종근·전윤희·김연진(2007), 〈수학 기초학습부진학생 집단의 특징 연구〉, 《아시아교육연구》 8(1), 서울대학교 교육연구소.

Atkinson, J. W. & D. Brich(1978), Introduction to motivation, New York: Van Nostrand.

Maslow, A. H.(1954), Motivation and personality, New York. Evanston: Harper & Row. Publishers.

McClelland, D. C. & Atkinson, J. W.(1964), The projective expression of needs: The effect of different intensities of hunger drive on perception, Journal of Psychology 25.

호민애

김진아(2013), 〈학습몰입과정의 이론 개발과 확인〉, 전북대학교 박사학위논문.

김희정(2012), 〈교사-학생관계 및 학습동기와 학습몰입 간의 구조적 관계〉, 숙명여자대학교 박사학위논문.

민상기·나승일(2007), 〈전문계 고등학교 학생의 학습몰입과 학급풍토의 관계〉, 《농업교육과 인적자원개발》 39(3), 한국농산업교육학회.

박승희(2005), 〈아동의 학습동기 유형과 몰입과의 관계〉, 《초등교육연구》 12(2), 한국초등교육학회.

배상기(2013), 〈특성화고등학교 학생의 수업몰입과 학습심리변인 및 교사 수업행동의 관계〉, 서울대학교 박사학위논문.

서울교육정책연구소(2021), 〈코로나19 전후, 중학교 학업성취 등급 분포를 통해 살펴본 학교

내 학력격차 실태 분석〉.
신정순(2006), 〈학습몰입, 자기조절학습과 학업성취와의 관계연구〉, 경희대학교 교육대학원 석사학위논문.
이광호(2009), 〈초등학생의 학급풍토와 학습몰입의 관계〉, 진주교육대학교 교육대학원 석사학위논문.
임현화(2010), 〈수업에 몰입하는 아동의 경험과 교사의 수업행동 특성에 관한 연구: 초등 과학 수업을 중심으로〉, 이화여자대학교 박사학위논문.
정주헌(2015), 〈특성화고등학교 학생의 수업몰입과 교사의 사회적지지의 관계〉, 충남대학교 교육대학원 석사학위논문.
정주헌·송교원·이창훈(2015), 〈특성화고등학교 학생의 수업몰입과 교사의 사회적지지의 관계〉, 《대한공업교육학회지》 40(0), 대한공업교육학회.
미하이 칙센트미하이(2004), 《몰입 Flow》, 한울림.
대학지성 기자, 위기의 코로19 세대, 사회정서적 발달과 협동학습에 비상 등. http://www.unipress.co.kr/news/articleView.html?idxno=2938 (검색: 2021.06.01.)

박윤지

김태영·김종운(2015), 〈초등학생이 지각한 부모-자녀 간 의사소통 유형이 자기효능감 및 학습태도에 미치는 영향〉, 《학습자중심교과교육연구》 15(7), 학습자중심교과교육학회.
이명순·김종운(2014), 〈아동의 부모-자녀 간 의사소통과 학교적응의 관계에서 공감능력과 자아탄력성의 매개효과〉, 《청소년상담연구》 22(1), 한국청소년상담복지개발원.
정은선·정종원(2017), 〈초등학생의 부모-자녀 의사소통, 교사-학생 의사소통과 학업성취의 관계: 자기결정성 학습동기의 매개효과〉, 《교육문제연구》 30(3), 고려대학교 교육문제연구소.
로리 홀먼(Laulie Hallman)(2017), 《부모 지능》, 예문아카이브.

박경천

강현경 외(2019), 《회복적 생활교육으로 학급을 운영하다》, 교육과실천.
김진수(2017), 《행복한 수업을 위한 독서교육 콘서트》, 행복한미래.
박숙영(2017), 《공동체가 새로워지는 회복적 생활교육을 만나다》, 좋은교사.
비폭력평화물결, 서울 통합형 회복적생활교육 연구회 엮음(2019), 《회복적 서클 현장 이야기》, 대장간.
송승훈 외(2018), 《함께 읽기는 힘이 세다》, 서해문집.
이무석(2011), 《나를 사랑하게 하는 자존감》, 비전과리더십.
조벽·최성애(2012), 《청소년 감정 코칭》, 해냄.
좋은학교만들기 인천모임(2018), 《학교생활의 거의 모든 것 입학부터 졸업까지》, 부크크.

권정혜

노원경·이혜원·오상철·김호영(2017), 〈학습부진 원인 진단도구 개발 및 활용〉, 《한국교육문제연구》 35(3), 중앙대학교 한국교육문제연구소.

박근희·윤지현·홍혜영(2020), 〈청소년의 교우 관계가 자아정체감에 미치는 영향: 잠재성모형의 적용〉, 《청소년시설환경》 18(2), 한국청소년시설환경학회.

백현기(2021), 〈교우 관계를 위한 문학치료 프로그램의 효과〉, 《한국컴퓨터교육학회 학술발표대회논문집》 25(1(A)), 한국컴퓨터교육학회.

손수경·이현정·홍세희(2017), 〈학교 학습활동과 교우 관계가 청소년의 삶의 만족도에 미치는 영향〉, 《한국청소년연구》 28(3), 한국청소년정책연구원.

이현정·손수경·홍세희(2018), 〈청소년의 삶의 만족도와 학교 학습활동 및 교우관계 간 자기회귀 교차지연 효과 검증: 성별 간 다집단 분석〉, 《한국청소년연구》 29(1), 한국청소년정책연구원.

이현주·권수정(2013), 〈청소년의 자아탄력성과 또래애착이 자기조절학습능력에 미치는 영향〉, 《한국콘텐츠학회논문지》 13(10), 한국콘텐츠학회.

정지웅·황춘화·이수천(2020), 〈청소년기의 우울, 자아탄력성, 교우 관계 간의 영양관계 연구〉, 《보건과복지》 22(1), 한국보건복지학회.

조혜정(2011), 〈청소년 음주발달궤적과 예측요인〉, 《한국정신건강사회복지학회 학술발표논문집》, 한국정신건강사회복지학회.

서울특별시 교육청(2021), 《서울교육정책》.

한국교육과정평가원(2020), 《우리가 몰랐던 교실》.

김영훈

Candy, Philip C.(1991), Self-direction for lifelong learning, Jossey-Bass Inc Pub.

Knowles, M. S.(1978), Andragogy: Adult Learning Theory in Perspective, Community College Review 5(3).

박은하

김철 외(2002), 〈초등학교 웹기반 독서교육지원시스템 개발에 관한 연구〉, 《정보교육학회논문지》 6(1), 한국정보교육학회.

최창훈 외(2005), 〈멀티미디어 기술을 활용한 초등학교 수준별 독서지원 시스템 개발〉, 《정보교육학회논문지》 9(2), 한국정보교육학회.

북토크톡(서울초등사서교사연구모임, 2020), 《한 학기 한 권 무엇을 읽을까》, 학교도서관저널.

메건 데일리(2019), Raising Reader. 김여진(2021), 《독자 기르는 법》, 유유.

최예윤

강봉숙(2018), 〈교육격차에 따른 정보활용능력 격차 완화를 위한 학교도서관 교육 서비스 사례 연구〉, 《한국도서관·정보학회지》 49(3), 한국도서관·정보학회.

김진숙 외(2003), 〈학교도서관 평가 적용 및 교육적 효과 측정 연구〉, 한국교육학술정보원.

교육부(2003), 《학교도서관운영편람》, 교육부.

이병기(2020), 《정보활용교육론 제3판》, 태일사.

전보라 외(2019), 《학교도서관 활용 수업 2》, 학교도서관저널.

김현숙

김서윤·하은혜(2009), 〈한국판 아동 신체화척도의 타당화 연구: 고등학생을 대상으로〉, 《인지행동치료》 9(1), 한국인지행동치료학회.

김정은(2013), 〈신체화 증상 유무에 따른 중학생의 보건실 이용 실태 및 상담요구분석〉, 서울여자대학교 교육대학원 석사학위논문.

김정자(2019), 〈아동·청소년의 신체화 관련 변인에 관한 메타분석〉, 한국교원대학교 석사학위논문.

여지영(2019), 〈암경험 청소년과 돌봄의 동반자관계를 통한 실천연구〉, 서울대학교 박사학위논문.

연세대학교 사회발전연구소(2019), 〈한국 아동·청소년 행복지수 조사: 중·고등학생〉, 《한국사회과학자료원(KOSSDA)》, http://hdl.handle.net/20.500.12236/23562 (검색: 2021.05.27.)

이한주·서미아(2010), 〈청소년의 신체화 증상에 영향을 미치는 요인〉, 《한국학교보건학회지》 23(1), 한국학교보건학회.

질병관리청(2021), 〈청소년 건강행태 온라인 조사〉, http://www.kdca.go.kr/yhs/ (검색: 2021.05.27.)

Lipowski, Z. J.(1988), Somatization: the concept and its clinical application, Am J Psychiatry, 145(11).

Litchfield, M.(1999), Practice wisdom, Advances in Nursing Science 22(2).

Neill, J.(2005), Exploring underlying life patterns of women with multiple sclerosis or rheumatoid arthritis: Comparisons with NANDA dimensions, Nursing Science Quarterly 18(4).

Newman, M. A.(2008), Transforming presence: The difference that nursing makes, Philadelphia: F.A. Davis.

Picard, C.(2000), Pattern of expanding consciousness in mid-life women: creative movement and the narrative as modes of expression, Nursing Science Quarterly, 13(2).

Silber, T. J. & Pao, M.(2003), Somatization disorders in children and adolescents, Pediatr Rev 24(8).

이승훈

강승모·임경원·강성구·황인선·김주희(2020), 〈코로나19 이후 중등 특수학급 특수교사의 원격 수업 경험이 갖는 교육적 의미〉, 《학습자중심교과교육학회지》 20(24), 학습자중심교과교육학회.

박보건(2019), 〈잠재적 교육과정에 대한 관점과 실제〉, 청주교육대학교 교육대학원 석사학위 논문.

김대석·성정민·김경성(2020), 《잠재적 교육과정의 이론과 실제》, 박영스토리.

이소현·박은혜(2018), 《특수아동교육》, 학지사.

Brenda Smith Myles(2005), Children And Youth With Asperger Syndrome: Strategies For Success In Inclusive Settings. 이소현 역(2006), 《아스퍼거 증후군(성공적인 통합교육을 위한 전략)》, 학지사.

격차를 넘어

1판 1쇄 발행일 2022년 9월 5일

지은이 서울대학교 사범대학 부설학교 교사들

발행인 김학원
발행처 (주)휴머니스트출판그룹
출판등록 제313-2007-000007호(2007년 1월 5일)
주소 (03991) 서울시 마포구 동교로23길 76(연남동)
전화 02-335-4422 **팩스** 02-334-3427
저자·독자 서비스 humanist@humanistbooks.com
홈페이지 www.humanistbooks.com
유튜브 youtube.com/user/humanistma **포스트** post.naver.com/hmcv
페이스북 facebook.com/hmcv2001 **인스타그램** @humanist_insta

편집책임 문성환 **편집** 윤무재 **디자인** 이수빈
용지 화인페이퍼 **인쇄** 청아디앤피 **제본** 민성사

ISBN 979-11-6080-892-6 03370